너무 멀리서 찾지 마라

정 운

**일러두기**

1. 본 도서의 글은 2013년 2월부터 2014년 12월까지 《불교신문》에 연재되었던 〈정운 스님의 삶과 수행 이야기〉를 정리·보완한 것입니다.
2. 본 도서에 인용된 경전 내용 중 『법구경』은 빨리어로 기록된 『법구경』을 참고하였습니다.
3. 본문의 주석은 해당 글 말미 하단에 기재하였습니다.
4. 본 도서의 부처님 당시 인명·지명·불교용어의 표기는 빨리어 표기를 원칙으로 하였으나, 표준국어대사전에 등재되어 있거나 일반적으로 통용되는 단어에 대해서는 관례에 따라 표기하였습니다.

# 너무
# 멀리서
# 찾지 마라

· 정운 지음 ·

조계종
출판사

 머리말

"허虛해 가서 실實해서 돌아왔다[虛往實歸]."

이 말은 『장자』 「덕충부편德充符篇」에 나오는 말이다. 공자와 동시대 사람인 왕태王駘는 당시 발이 잘리는 형벌을 받은 사람이다. 그런데 당시 그의 문하에는 공문孔門, 공자과 맞먹을 정도로 사람들이 문전성시를 이루었다고 한다. 왕태는 교육자다운 면이 부족하고, 산적 두목과 같아서 군자다움은 없지만 사람들이 그를 만나고 와서는 이구동성으로 한결같이 이런 말을 하였다.

"허한 마음으로 가서 실한 마음으로 돌아왔다."

이 책은 《불교신문》 '불교 교리' 코너에 〈정운 스님의 삶과 수행 이야기〉라는 제목으로 2년간 연재되었던 내용을 다듬고, 보충한 것이다. 소납이 《불교신문》에 연재를 시작할 때는 무엇을 어떻게 써 나가야 할지 막연했다. 적극적인 의사도 없이 신문사의 요청을 수락했던 터라 정신적 허虛함에 짓눌렸다고 하면 맞을 것 같다. 여기에는 능력 부족에 대한 자괴감도 동반되었다.

하지만 매주 한 편의 원고를 쓰면서 '데드라인Deadline'이라고 하는 원고 스트레스는 없었다. 연재를 끝냈을 때도 허함보다 완결된 충만감이 가득했다. 허한 마음으로 원고를 시작했지만 실한 마음으로 회향한 것이다.

 이 책을 읽는 독자들도 별 기대 없이 허한 마음으로 책을 들었다가 책을 내려놓는 순간, 따스한 마음으로 충만하게 되기를 간절히 발원한다.

 부족한 소납의 글에 지면을 할애한 불교신문사와 연재하는 동안 출판을 제의한 조계종출판사에 진심으로 감사한다. 원고를 싣는 데 고생한 불교신문사 기자들과 조계종출판사의 직원들이 세세생생 행복하기를 발원한다.

 출가자의 삶을 지향토록 든든히 밀어주시는 부처님께 감사의 9배九拜를 올린다. 나무아미타불.

부처님 열반한 지 2559년,<br>
만물이 풍요로운 여름날<br>
정 운

# 차례

머리말      4

### 제1부
## 보물을 왜 내게 와서 찾는가

| | |
|---|---|
| 내 생 최고의 날은 오늘, 지금 이 순간 | 12 |
| 보물을 왜 내게 와서 찾는가? | 16 |
| 흐르는 물처럼 살고 그렇게 인연 맺자 | 20 |
| 사람이 부처님이다 | 24 |
| 내 부덕의 소치요 내 탓이외다 | 28 |
| 감정을 공감하는 진정성이 진리요 법문이다 | 32 |
| 삶과 수행에서 잃어버리기 쉬운 것 | 36 |
| 인간관계의 속성 | 40 |
| 존재하는 그 자체만으로도 아름다운 그대, 니터 | 44 |
| 삶을 사랑할 줄 아는 사람 | 48 |
| 다른 방식으로 생각하라 | 52 |

### 제2부
## 그대는 무엇을 쪼개고 다듬고 있는가

| | |
|---|---|
| 서 있는 그 자리에서 진실을 추구하라 | 58 |
| 좋은 선지식은 수행의 전부를 완성시켜 준다 | 62 |
| 그대는 무엇을 쪼개고 다듬고 있는가? | 66 |
| 수행자의 오만과 겸손 | 70 |

| | |
|---|---|
| 자연의 소리, 아름다운 경치 그대로가 부처님 마음 | 75 |
| 목장 주인과 한국불교의 힘 | 79 |
| 이 시대가 요구하는 승려상과 무소유 | 83 |
| 마음이 없으면 보이지 아니하고 들리지 않는 법 | 87 |
| 법경에 비추어 본 아상 | 91 |
| 일체 세간법이 다 불법 | 95 |
| 불심으로 바라보면 온 세상이 불국토 | 99 |

제3부
## 추우면 추운 대로 더우면 더운 대로

| | |
|---|---|
| 분소의와 부란약 | 104 |
| 중은 염불할 줄 알아서 마지밥 내려 먹을 정도는 돼야 한다 | 109 |
| 축구 선수의 루틴과 경행 염불 | 113 |
| 무주상자비 | 116 |
| 무심과 분별심 | 120 |
| 활인검 살인도 | 124 |
| 겉보리 서 말만 있어도 말사 주지가 되지 말라 | 128 |
| 탐욕 절제와 인생 회향 | 132 |
| 추우면 추운 대로 더우면 더운 대로 | 135 |
| 불법은 밥 먹고 차 마시는 데 있다 | 139 |
| 군자와 소인배 | 143 |

## 제4부
## 겨울바람 속에 봄바람이 담겨 있다

| | |
|---|---|
| 그대는 어디 있는가? | 148 |
| 아름다운 인생 마무리 | 152 |
| 오랑캐와 부처 | 155 |
| 겨울바람 속에 봄바람이 담겨 있다 | 159 |
| 사람들이 나를 비웃고 싫어하면 어찌할까요? | 163 |
| 꽃잎은 져도 꽃은 지지 않는다 | 167 |
| 진실 되게 산다는 것 | 171 |
| 스승이란 이름만으로는 쉽지 않은 일 | 175 |
| 통한의 불교사에도 빛난 승려들 | 179 |
| 스승과 제자의 아름다운 인연 | 182 |
| 자랑스런 그 이름 '스님의 어머니' | 186 |
| 선사들의 삶과 수행 이야기 | 191 |

## 제5부
## 머리카락이 없어야 부처인가

| | |
|---|---|
| 머리카락이 없어야 부처인가? | 196 |
| 칭기즈칸과 선 수행자 | 200 |
| 출가자와 속가 가족 | 204 |
| 스님 자식을 둔 어머니의 눈물 | 208 |
| 지옥과 극락은 어디인가? | 212 |

| | |
|---|---|
| 실천 수행 불교의 진실 | 216 |
| 신의와 신뢰 | 220 |
| 줄탁동시 | 224 |
| 눈높이 교육자 | 228 |
| 수도자와 국가 영수의 평행선 | 232 |
| 옷과 밥만 축내고 있지 않은가? | 235 |

## 제6부
## 의자가 없으면 4대 육신을 빌려 주시오

| | |
|---|---|
| 자신의 미래 업을 결정해 가는 주인공 | 240 |
| 억겁 만겁의 소중한 인연 부모 | 244 |
| 수행의 연륜에서 나온 자애로운 관점 | 248 |
| 진정한 도반의 의미 | 252 |
| 의자가 없으면 4대 육신을 빌려 주시오 | 256 |
| 큰 소리로 염불하면 힐링이 된다 | 260 |
| 훌륭한 의사는 치료해 주지 않고 팔짱만 끼고 있다 | 264 |
| 이 시대 진정한 승가의 선지식 | 268 |
| 깨달음은 누구에게나 평등 | 272 |
| 유여열반과 인욕 | 276 |
| 불교계 최초의 아웃사이더 | 280 |
| 영원한 스승, 원해당 홍륜 | 284 |

제1부

보물을
왜 내게 와서
찾는가

# 내 생 최고의 날은
# 오늘, 지금 이 순간

중국 당나라 때 선사 대주 혜해大珠慧海는 법력이 널리 알려져 있어 찾아오는 이가 많았다. 어느 날, 멀리서 원율사源律師가 찾아와 선사에게 물었다.

"저는 화상께서 도가 매우 높다고 들었습니다. 스님께서는 수행할 때 공력을 들이십니까?"

"네, 공력을 들입니다."

"어떻게 공력을 들입니까?"

"배고프면 밥 먹고, 피곤하면 곧 잠을 잡니다."

"모든 사람들이 그렇게 합니다. 모든 사람들도 스님처럼 공력을 들인다고 할 수 있겠네요."

"그런데 그것은 저와 같지 않습니다."

"어째서 같지 않습니까?"

"그들은 밥 먹고 있을 때 밥을 먹지 않고 쓸데없는 생각을 많이 하고, 또 잠을 잘 때도 자지 않고 이런저런 꿈을 꿉니다. 그렇기 때문에 나와 같지 않습니다."

선사의 말대로 우리는 밥 먹을 때 오직 밥만 먹지 못하고, 공부할 때 오롯이 공부하지 못한다. 매양 그 하는 일에 집중하지 못하고, 수많은 망상을 한다. 대주가 말한 '배고프면 오롯이 밥 먹고, 피곤하면 오롯이 쉬는 일'은 자신의 집참된 본성에 머물러 있는 데서 나오는 작용이다.

마침내 집에 도착해 있는 본연의 자세, 그 진실한 본성 자리에 자신이 올인all in해 있는 것이다. 바로 "I have arrived, I am home.", '너는 집에 도착했다.'이다. 이 문구는 틱낫한Thich Nhat Hanh 스님이 자주 쓰는 말이다.*

이 말은 자성에 입각한 주인된 자각 속에서 이 자리, 현재가 얼마나 소중한지를 알려준다. "I have arrived, I am home."의 다음 구절은 "In the here and in the now 바로 여기, 지금 이 순간에."라고 알고 있다. 무엇을 하든 어디에 처해 있든 늘 현재에 진실하며, 본성불성에 입각한 그 주인된 자각으로 온전히 머물러 있어야 하는 법이다. 그래서 임제臨濟, ?~867는 "가는 곳마다 주인이 되고 서는 곳마다 참

되라[隨處作主 立處皆眞].", 또 "지금 바로 이 순간이 아니면 시절이란 없다[卽時現今 更無時節]."면서 지금보다 더 좋은 시절은 없다고 하였다. 모두 현재의 소중함을 느끼고 주인된 자각을 강조하는 말이다.

 수행할 때도 바로 현재인 오늘, 이 시간, 이 순간에 머물러 있어야 한다. 위빠사나 수행에서도 늘 마음이 현재에 머물 것을 강조한다. 수행 도중 과거를 생각하거나 미래의 일을 기획한다면 망상에 빠진 것으로, 화두가 염념상속念念相續하지 못함이요, 사띠sati가 여일하게 지속되지 못한 것이다. 즉 마음이 현재에 있지 못한다면 주인본성집에 손님번뇌이 찾아와 안방을 차지하고 있는 것이나 다름없다.

 일상적인 삶 속에서도 현재에 집중하는 것이 중요하다. 무엇을 할 때나 어떤 상황에 처했을 때 그 일과 상대방에 충실하지 못한다면 진실함이 배제된 사람으로 인식될 것이다. 어제의 '나'는 없다. 그리고 미래의 '자신'은 존재하지 않는다. 현재 내가 하고 있는 일과 함께하는 사람에게 최선을 다해야 한다. 『벽암록』에 이런 문구가 있다.

내 인생에서 가장 행복한 날은 바로 오늘이요.
내 삶의 가장 절정의 날도 바로 오늘이며,
내 생에 가장 소중한 날도 바로 오늘, 지금 이 순간이다.
어제는 지나간 오늘이요, 내일은 다가오는 오늘이다.
그러므로 오늘 하루하루를 삶의 전부로 느끼면서 살아야 한다.

너무 멀리에 마음 두지 마라. 현재의 순간순간 삶에 진실하다면 그것이 인생의 참됨이요, 수행이다.

---

• 틱낫한 스님은 어느 곳을 방문하든 그 방문 기념으로 이 문구를 써 주고, 당신이 머물고 있는 프랑스 플럼 빌리지(Plum Village)에 사람들이 찾아와도 이 말을 써 준다고 한다. 십여 년 전 동국대학교를 방문했을 때 스님이 쓴 "I have arrived, I am home." 문구는 액자화되어 중앙도서관 안에 걸려 있다.

# 보물을 왜
# 내게 와서 찾는가?

중국 당나라 때 마조馬祖, 709~788의 제자 가운데, 대주 혜해라는 스님이 있다. 혜해가 처음으로 마조를 찾아갔을 때이다.

제자가 스승에게 인사를 올리자, 마조가 물었다.
"여기에 무슨 일로 왔는가?"
"불법佛法을 구하기 위해 스님을 찾아왔습니다."
"어찌하여 너의 보물 창고를 집에 놔두고 쓸데없이 돌아다니기만 하는가? 나에게는 아무것도 없다. 불법 따위는 찾아서 무얼 하겠느냐?"

"제 보물 창고라뇨, 무슨 말씀이십니까?"

"지금 '진리를 구하고자 찾아왔다.'고 말하고 있는 자네가 바로 그 보물 창고라네. 자네는 모든 것을 다 갖추고 있어 조금도 부족한 것이 없어. 또한 쓰려고 하면 얼마든지 마음먹은 대로 쓸 수도 있다네."

여기서 마조가 한 '보물 창고'라는 말은 중생의 참 마음, 본성, 자성, 불성을 비유한 것이다. 마조 이전에도 『법화경』에서는 '의리계주衣裏繫珠' 비유로, 『열반경』에서는 '가난한 여인의 집 지하에 있는 보물창고', 『여래장경』에서는 '더러운 곳에 빠진 금 덩어리' 비유 등 여러 대승 경전에서 불성을 보물로 비유하고 있다. 우리는 어느 누구, 어떤 것과도 비교될 수 없으며 다이아몬드보다 더 소중한 마음 보석을 지니고 있다. 이와 유사한 문구가 생각난다. 미국의 빌 바우어만Bill Bowerman, 1911~1999, 나이키 창업자은 "당신이 필요로 하는 모든 것은 이미 당신 안에 구족되어 있으니 그냥 하기만 하라Everything you need is already inside. Just do it."고 하였다.

빌 바우어만은 인간에게 내재된 무한한 가능성을 말하였지만, 이 가능성이 본질적으로는 깨달을 수 있는 본성과 크게 다르지 않다고 본다. 우리의 참 본성인 그 마음은 어느 누구도 훔쳐 갈 수 없고, 해칠 수 없는 고귀한 존재이다. 마조의 말에는 '너를 포함한 모든 중생에게 원래 갖추어져 있는데, 왜 굳이 바깥에서 부처를 구하느냐.'는 가르침이 담겨 있다. 어느 비구니 스님은 도道는 늘 우리 곁에 있음을 시사하는 이런 게송을 남겼다.

하루 종일 봄을 찾아 다녀도 봄을 찾을 수가 없구나.
짚신이 다 닳도록 온 산을 찾아 헤매었네.
지쳐서 돌아와 우연히 뒤뜰을 거닐다 보니
매화꽃이 거기 피어 있더라.
[盡日尋春不見春 芒鞋踏遍隴頭雲 歸來笑撚梅花嗅 春在枝頭二十分]

우리 모두에게는 깨달음의 본성인 불성이 내재되어 있다. 본래의 자신을 떠나서 깨달을 수 있는 것이 아니며, 마음을 여의고서 부처를 구할 수 있는 것이 아니다. 그래서 『유마경』에서는 번뇌와 악을 지닌 인간의 현실이 곧 해탈을 달성하고 성불하는 기초가 된다고 하였다. 즉 번뇌 자리에 보리가 있고, 생사 속에 열반이 있다고 하여 '번뇌즉보리煩惱卽菩提', '생사즉열반生死卽涅槃'이라고 한다. 이는 고원이 아닌 진흙탕 속에서 아름다운 연꽃이 피어나는 것과 같은 이치이다.

현재 안고 있는 괴로운 문제가 있는가? 사람 사이의 불편한 문제이든, 취직 때문에 힘들어하든, 혹은 어떤 자격증 시험에 괴로워하는 일이든 그 어떤 고통스런 문제를 떠올려 보라. 그 힘든 문제는 끙끙 앓는다고 해결될 수 있는 것인가.

거미가 계속 원을 그리며 스스로를 옭아맨 뒤 한가운데 있는 것처럼, 우리 인간도 마찬가지이다. 살면서 누구에게나 발생할 수 있는 고통을 스트레스라는 줄로 스스로 옭아매고 있다. 누가 구제해 줄 수 있겠는가? 어느 누구도 구제해 줄 수 없다. 바로 그대 자신이 가지고 있는 보물로 스스로 찾아야 한다.

멀리 내다보지 마라. 그대가 괴로워하는 그 마음자리에 평온과 행복이 그대를 기다리고 있을 것이다. 해인사 팔만대장경 당우 주련에도 이런 글귀가 있지 않은가.

원각 도량이 어디인가?
현재 생사˚가 일어나는 바로 그곳이다.
[圓覺道場何處 現今生死卽是]

---

• 선(禪)에서 생사(生死)란 번뇌를 상징한다.

# 흐르는 물처럼 살고
# 그렇게 인연 맺자

한 승려가 깊은 산에 들어갔다가 길을 잃었는데, 헝클어진 긴 머리에 풀 옷을 입은 은자를 만났다. 바로 이 은자가 당나라 때 선사 대매 법상大梅法常이다. 법상은 스승 마조에게 법을 받은 뒤 천태산天台山 남쪽 70리쯤에 위치한 대매산에 들어가 입적할 때까지 은둔하며 살았다. 승려가 법상에게 물었다.

"은자께서는 언제부터 이곳에서 살았습니까?"

"사방의 산이 푸르렀다가 다시 노랗게 물드는 것을 바라볼 뿐, 세월이 얼마나 지났는지 모릅니다."

"이 산을 벗어나려면 어느 길로 가야 합니까?"

"저 물이 흘러가는 대로 따라 가십시오."

몇 번의 봄을 맞이했는지, 몇 번의 낙엽이 떨어졌는지 알 수 없다는 것. 진정한 은둔이 아니면 이런 말을 할 수 없을 것이다. 세월이라는 개념조차 없었다고 하니, 은둔의 표본이 아닌가 싶다. 그러나 추지처낭중錐之處囊中 기말입현其末立見이라고, 송곳이 주머니 안에 있어도 그 끝이 밖으로 뚫고 나오듯 법상이 은둔해 살아도 그 법력이 점차 세상에 알려져 제자들이 모여들기 시작했다. 신라 승려 가지迦智와 충언忠彦도 법상의 제자이다. 법상은 입적하기 직전 제자들에게 말했다.

"오는 자를 막지 말고, 가는 자를 잡지 마라[來莫可抑 往莫可追]."

산속에서 길을 잃고 헤매는 승려에게 물이 흘러가는 대로 따라가라고 하는 것이나 오는 자를 막지 않고 가는 자를 말리지 않는 것. 바로 이것이 물이 자연스럽게 흘러가는 것처럼 좋은 일이든 나쁜 일이든 거부하지 않는 수용 자세가 아닐까 싶다.

달마 선사의 가르침 가운데 '수연행隨緣行'이 있다. 수연행이란 중생이 살아가는 모든 것은 인연의 업業에 따르는데, 고통스런 일이든 즐거운 일이든 다 인연에 의해 생겨난 것이고 인연이 다하면 당연히 사라지는 법이니 이런 이치를 알고, 좋은 일이 생기든 나쁜 일이 생기든 인연에 의해 오고가는 것으로 받아들여 어떤 경계든 흔들리지 말고 수행에 힘쓰라는 뜻이다.

물이 인연 닿는 대로 흘러가듯, 그리고 세월이 무심히 흘러가듯 이 세상 모든 만물은 고정불변함이 없이 변화하며 흘러간다. 곧 현상적으로 보이는 물건이든 마음에서 일어난 망상이든 모두 인因 과 연緣에 의해 잠시 모였다가 흩어지는 법이다.

물은 산꼭대기에서 바다로 흘러갈 때까지 돌부리도 만나고 파인 웅덩이에도 들어간다. 사람이 발을 담그기도 하고 동물의 변이 섞이기도 할 것이다. 세상 모든 것이 바로 이와 같다. 사람도 살면서 명예와 부를 얻을 때가 있고, 반대로 추락할 때도 있다. 명예와 부가 생겼을 때 거부할 필요는 없지만 명예와 부가 자신을 떠날 때 잡을 필요도 없는 것이다.

사람과의 인연도 그러하다. 인연이 맺어질 때도 있지만 이별할 때도 있는 법이다. 앞에서 표현했듯이 인과 연에 의해 모였다가 사라지는 것이거늘 붙잡는다고 될 인연이고, 헤어지려고 한들 흩어지겠는가? 물이 흐르는 것처럼 그냥 두어야 한다.

이형기 님의 시 「낙화落花」를 보면 이런 구절이 있다.

가야 할 때가 언제인가를
알고 가는 이의 뒷모습은
얼마나 아름다운가.

봄 한철
격정을 인내한

나의 사랑은 지고 있다.

분분한 낙화……
결별이 이룩하는 축복에 싸여
지금은 가야 할 때,

무성한 녹음과 그리고
머지않아 열매 맺는
가을을 향하여
나의 청춘은 꽃답게 죽는다.

 명예든 경제적 부든 인연관계이든 그저 인연의 흐름에 맡기고 그 흐름을 수용할 줄 아는 것, 이 말은 집착하지 않는 마음, 일어난 그대로를 부정하지 않고 있는 그대로 받아들이라는 뜻이기도 하다. 바로 이것이 수행을 통해 얻는 삶의 지혜 중 하나이리라.

# 사람이
# 부처님이다

러시아 문호 톨스토이의 작품을 오래전부터 좋아했다. 그의 작품 속에는 종교의 범주를 떠나 인간 중심의 고귀함이 담겨 있기 때문이다. 톨스토이의 작품 가운데 불교 사상과 공감되는 이야기를 하나 들려주고자 한다.

주인공 마르틴은 구두를 만들고 고치는 제화공이다. 자식 둘과 아내가 죽고 며칠 전에는 막내아들까지 병으로 죽어 절망에 빠졌던 그는 성경을 읽으면서 조금씩 희망을 찾아갔다. 하루는 성경을 읽다가 잠깐 잠이 들었는데, 하느님의 목소리가 들렸다.

"마르틴, 내가 내일 찾아갈 테니 창밖을 보아라."

다음날, 마르틴은 하루 종일 창밖을 바라보며 하느님을 기다리는데, 늙은 청소부가 눈을 맞으며 청소하고 있는 것을 보았다. 마르틴은 그를 가게 안으로 들어오게 하여 따뜻한 차를 대접하였다. 몇 시간이 흘러 마르틴은 아기를 안은 여인이 눈보라 속에서 떨고 있는 모습을 보고, 그들을 가게 안으로 맞아들여 먹을 것과 옷을 주었다. 그리고 해가 질 무렵 사과를 훔친 소년의 사과 값을 대신 변상해 주었다. 그날 밤, 마르틴은 성경을 읽다가 잠이 들었다. 그런데 낮에 만났던 사람들이 미소를 지은 모습으로 나타나면서 하느님의 목소리가 들렸다.

"마르틴, 네가 오늘 만난 사람들이 바로 나이다. 너는 나를 대접한 것이다."

마르틴이 깨어나 펼쳐져 있는 성경 구절을 보니 거기에 이런 내용이 있었다.

"내가 배고플 때에 먹을 것을 주었고, 목마를 때에 마실 것을 주었으며, 나그네를 따뜻하게 맞아들였고, 헐벗을 때 옷을 주었으니 …… 내 형제 중에 보잘것없는 사람들에게 극진히 대접한 것이 바로 내게 한 것과 같은 것이다."

성경에 있다는 저 구절을 읽으면서 연신 고개를 끄덕였다. 그리고 무비 스님의 책 제목인 "사람이 부처님이다"를 떠올렸다. 내가 믿는 신이 소중한 것이 아니라 함께 살아가는 사람에게 베푸는 그 사랑이 신을 섬기는 것과 같으니 그런 마음으로 사람을 소중히 여기라는 것, 한 번쯤 새길 만하지 않은가!

실은 경전에도 성경의 내용과 유사한 구절이 있기 때문에 공감이 더욱 컸다. 『유마경』「보살품」에 의하면, 유마 거사가 급고독장자에게 참다운 보시에 대해 이렇게 설하였다.

> 보시를 하는 사람은 부처님께 직접 올리는 마음으로 그 받는 대상이 누구이든 간에 정성스럽게 보시해야 한다. 설령 걸인에게 보시할지라도 부처님에게 보시하는 것과 똑같이 복전福田이라 생각하고 보시해야 한다. 과보를 바라지 않으면서 성인이든 중생이든 간에 평등한 마음으로 보시하는 것이 진정한 법보시이다.

초기불교 경전에는 부처님께서 재가자들에게 "보시하고, 청정하게 계율만 지켜도 생천生天할 수 있다."고 하셨다. 또 6바라밀에서도 제일 먼저 보시가 등장하듯이 보시행은 불자의 근본 수행이라고 해도 지나치지 않다. 하지만 소납이 보시에 대해 언급하려는 것은 아니다. 바로 '누구에게나 똑같은 평등심으로 중생에게 베풀라.'는 점에 주목해 보자는 것이다.

『금강경』에서도 "상相을 보되 그 상에 집착하지 않고 볼 수 있으면 바로 부처를 볼 수 있다[凡所有相 皆是虛妄 若見諸相 非相 則見如來]."고 하였다. 내가 만나는 상대가 남자든 여자든 비구이든 비구니이든 그를 참된 본성을 가진 존재로 본다면 어찌 내 마음에서 상대를 차별하겠는가! 그래서 『법화경』의 상불경常不輕 보살은 어느 누구를 만나든 간에 "나는 그대를 가볍게 여기지 않습니다. 그대는 반드시 부처님이 되실 것이기 때문입니다."라고 인사를 하였다.

　불교에서는 누구나 깨달을 수 있는 불성을 가지고 있음을 강조하는데, 그 속에는 바로 인간이 고귀한 존재라는 뜻이 들어 있다. 나날이 산업화가 진행되고, 과학이 발전할수록 인간은 더욱 보잘것없는 존재로 전락하는 느낌이다. 누가 갑이고, 누가 을인가? 세상 만물은 무상한 법, 언제 어떻게 갑과 을의 관계가 바뀔지 아무도 모르는 법이다. 그대부터 시작해 우리 모두는 누구나 차별당할 수 없는 평등한 존재요, 희망이다. 이 점, 잊지 말자.

# 내 부덕의 소치요
# 내 탓이외다

　일전에 불교계를 대표하는 어느 학술계의 연구원들이 기자회견을 자청했다. 그리고 며칠 후 상대편에서 또 다른 주장의 기자회견을 하였다. 양편에서 자신들의 정당성을 주장하다 보니 당연히 상대의 약점을 드러내지 않을 수 없었다.
　신문지상을 통해서 아는 내용이 아니라, 소납이 20여 년간 한 자리에 있다 보니 앞뒤 상황들이 그림으로 그려졌다. 제3자가 말할 것은 못 되지만 결국 서로에게 상처만 남기는 일이다. 한쪽에서 용서라는 형태로 포기하는 것이 최선이라는 생각이 들었다.
　이런 시기에 『법구경』 구절을 읽었다. 마침 앞에서 언급한 사건들과 관련해 인간의 어리석음을 꼬집는 부분이 있어 고개를 연신 끄떡였다.

적이 나에게 주는 피해보다 또 원수가 나에게 주는 피해보다 자신의 그릇된 마음으로 인해 발생하는 피해가 훨씬 크다.

(『법구경』, 42번 게송)

부모님이 주는 어떤 이익보다도 또 친척들이 내게 이로운 일을 베풀지라도 자신의 바른 마음으로 인해 생기는 행복이 가장 크다.

(『법구경』, 43번 게송)

극락세계도 지옥세계도 다 자신이 만든다. 세상에 발생하는 모든 문제가 결국 자신에게서 비롯되는 것이다. 곧 '내 탓'이라는 뜻이다. 그런데 우리들은 불미스런 문제가 발생하면 대체로 상대방 탓으로 돌린다. 더 나아가 상대에 대한 원망이 깊어 간다.

살다 보면 내 뜻과는 무관하게 원치 않는 일들이 많이 발생한다. 소납도 10여 년 전 개인적으로 매우 힘들었던 일이 있었다. 그때 발견해 낸 것이 있다. 내게 문제가 있었던 것이고, 내 복덕의 부재不在라는 것을. 그래서 당시 만든 발원문 중에 이런 내용이 있었다.

어떤 일이 발생하면 원인을 먼저 살펴보고, 모두가 '내 탓'이라는 겸허한 마음을 가지겠습니다. 늘 평온한 몸과 마음 지니옵고, 매사에 감사하는 마음을 가지겠습니다.

경전에서 마음 닦는 내용을 수백여 차례 독송해도 그 내용이 내 삶 속에 용해되는 일은 생살을 비집고 진주가 만들어지는 것처럼 쉽게 되는 것이 아니었다. 역경계를 순경계로 전화위복할 줄 아는 지혜도 산통의 시간이 있어야 한다.

한번은 소납이 속한 어느 단체 모임의 회원 중 한 사람이 재위임에서 제외된 일이 있었다. 그 사람이 제외된 이유는 당사자가 모임에서 정해 놓은 자격을 충분히 갖추지 못했기 때문이었다. 그런데도 그 사람은 제도를 탓하고, 그 모임의 문제성만을 탓했다. 왜 원망을 밖으로만 돌리는 걸까? 공자는 자신의 과오를 '쿨cool하게' 인정할 줄 아는 군자를 활 쏘는 사람에 비유하여 이렇게 말했다.

> 활쏘기를 하는 것은 군자다운 면이 있다. 화살이 과녁에서 벗어나면 자기 자신에 돌이켜서 자신의 잘못된 점을 찾기 때문이다.

과녁은 원래 그 자리에 그대로 있다. 활을 쐈는데 과녁에 적중하지 못할 경우, '내가 잘못 쏘았소.'라고 바로 인정해야 한다는 것이다. 과녁 위로 지나가면 화살을 높이 쏘았다고 인정하는 것이요, 과녁 아래로 떨어지면 화살을 낮게 쏘았다고 인정하는 것이다.

우리나라에도 "잘 되면 내 덕이오, 잘못 되면 조상 탓"이라는 말이 있을 정도로 대부분의 사람들은 모든 잘못을 상대에게 전가한다. 그래서 예수님은 "남의 눈에 있는 티만 보이고, 자기 눈에 박힌 대들보는 보지 못한다."고 하였나 보다.

 남에게 화살을 돌리지 말자. 다른 사람과의 관계에서 힘든 일이 있다면 나의 부덕함을 살펴야 할 것이다. 남이 아닌 자신에게 화살을 돌린다면 더 이상 진흙탕 세상은 벌어지지 않으리라.

# 감정을 공감하는 진정성이 진리요 법문이다

'배고픈 고통을 경험해 보았는가?'

'지금 몹시 배가 고픈데, 그대 앞에 사람이 있다면 그가 어떻게 해 주기를 바라는가?'

배고픈 고통에 처한 사람을 어떻게 대하는 것이 최선인가를 제시해 주는 경전 내용이 있다. 현실적으로 다가오는 부분인지라 소납에게도 베풂의 인식 체계를 새롭게 구성해 주었다. 『약사경』의 약사여래 12원十二願 가운데 11번째 서원이다.

내가 다음 세상에 보리를 증득할 때, 만약 모든 중생이 굶주림에 시달려 먹을 것을 구하기 위하여 악업을 짓다가도, 나의 이름을 듣고 진실한 마음으로 부르고 염念한다면 내가 마땅히 먼저 좋은 음식을 주어 마음껏 배부르게 한 뒤에 진리를 설해 주어 안락케 해 주고, 보리를 성취하도록 해 주리라.

'배고픈 사람이 마음껏 배부르게 한 뒤에 진리를 설한다.'는 구절이 내 폐부 깊숙이 다가선다. 부처님께서도 이런 행을 보여 주신 일이 있다.

어느 날 부처님께서 제자들과 함께 재가자의 공양청을 받았다. 부처님과 제자들이 그 집에 가서 공양을 하고, 공양이 끝났는데도 부처님께서는 법을 설하지 않았다. 대체로 공양 후에는 부처님께서 법을 설하는 것이 관례인데, 그날은 법문을 하지 않고 가만히 계셨던 것이다. 이때 한 농부가 법문을 듣기 위해 헐레벌떡 들어와 뒷자리에 앉았다. 그 농부는 법석에 일찍 오려고 했으나 황소가 우리를 뛰쳐나가서 소를 찾으러 들판을 쏘다니느라 회중會中에 늦은 것이다. 부처님께서는 농부에게 먼저 밥을 먹으라고 하신 뒤 그 농부가 밥을 다 먹을 때까지 기다렸다가 법을 설하셨다.

사찰로 돌아가는 도중, 제자들이 부처님께 왜 농부에게 법문을 듣기 전에 밥부터 먹으라고 하셨느냐고 묻자 부처님께서 말씀하셨다.
"여래의 법문을 듣다가 배고픔을 느낀다면 그는 배고픔 때문에 진리를 충분히 받아들이지 못한다. 그래서 먼저 그의 배고픈 고통을 해결해 준 것이다. 그가 황소를 찾느라고 헤매었으니 얼마나 배가 고팠겠느냐. 이 세상에서 배고픔만큼 견디기 어려운 고통은 없느니라."『법구경』

소설 『태백산맥』에도 '사람의 죽는 고통 가운데, 병들어 죽는 고통과 매 맞아 죽는 고통과 굶어서 죽는 고통이 있는데, 그중에서 제일 서럽고 큰 것은 굶어서 죽는 고통'이라는 구절이 있다. 그리고 소납도 20여 년 전에 설악산에서 조난을 당해 하루 종일 굶었던 적이 있어 굶는 고통이 얼마나 처절한지를 안다. 며칠을 굶어서 배고픔에 허덕이는 사람에게 진리가 귀에 들어오겠는가?

또 한 예로 지금 자식이 죽어서 실신할 만큼 상심한 사람이 있다고 가정해 보자. 과연 이 사람에게 부처님의 무상無常 진리를 설해 준다고 해도 마음에 새겨지겠는가? 또한 진심嗔心으로 가득 차 있는 사람에게 탐·진·치 3독으로 인한 과보가 얼마나 큰지 설해 준다고 그 사람의 화가 가라앉겠는가?

배고픈 중생에게는 먼저 먹을 것을 주고, 자식이 죽어 고통 받는 이가 있다면 손을 잡고 함께 울어 줘야 한다. 또한 화가 나서 어쩔 줄 모르는 사람에게는 하소연을 들어 주고 맞장구를 쳐 주며, 화가 가라앉기를 기다려 줘야 한다. 바로 이렇게 감정을 공유하는 진정성이 진리요, 다르마요, 법문이다. 이성적인 냉정함이 아니라 감정을 나누는 공감과 소통이 진정성 있는 중생제도라고 본다. 이것이 함께 슬퍼해 준다는 비무량심悲無量心•이다.

신라 시대 원효 스님과 더불어 민중불교를 이끈 대안大安 스님이란 분이 있다. 괴이한 옷차림을 하고 항상 저잣거리에서 구리 밥

그릇을 두드리며 "대안, 대안" 하고 다닌 데서 스님을 '대안'이라 하였다.

어느 날 원효가 대안을 만나기 위해 굴로 찾아갔다. 그런데 대안은 없고 너구리 한 마리가 죽어 있었는데 새끼 너구리가 죽은 어미 곁에서 구슬프게 울고 있었다. 원효는 죽은 너구리의 왕생극락을 발원하며 『아미타경』을 염하였다.

이때 대안이 들어와 원효에게 '무엇을 하느냐.'고 물었다. 원효가 죽은 너구리에게 염불을 해 주고 있다고 하자, 대안이 이렇게 말했다.

"이 새끼 너구리가 경을 알아듣겠소!"

그리고 동냥해서 얻어온 젖을 너구리에게 먹이며, 원효에게 말했다.

"이것이 너구리가 알아듣는 『아미타경』입니다."

---

- 비무량심은 4무량심(四無量心) 중 하나이다. 4무량심은 자(慈) · 비(悲) · 희(喜) · 사(捨) 4가지 무량심을 말한다.

# 삶과 수행에서
# 잃어버리기 쉬운 것

당나라 때 선사인 마조 도일을 조사선의 개조開祖라 칭한다. 선사가 형악衡岳 전법원傳法院에서 수행하고 있을 때, 남악 회양南岳懷讓. 677~744을 만났다. 회양은 그가 법기法器임을 알고 물었다.
"대덕은 무엇하려고 좌선을 하는가?"
"부처가 되려고 합니다."
그러자 회양이 암자 앞에 있는 돌 위에 대고 기와를 갈기 시작했다.
"무엇을 하려고 합니까?"
"기와를 갈아서 거울을 만들려고 하네."
"기와를 갈아서 어떻게 거울을 만듭니까?"

"소가 수레를 끌고 가는데 수레가 나가지 않는다면, 수레를 채찍질해야 하는가? 아니면 소를 채찍질해야 하는가?"

마조가 아무 말도 못하자, 회양이 이어 말했다.

"자네가 지금 좌선坐禪을 익히고 있는지, 좌불坐佛을 익히고 있는지 알 수가 없군. 만일 좌선을 익히는 중이라면 선이란 결코 앉아 있는 것만이 아니며, 혹 그대가 좌불을 익히고 있는 중이라면 부처는 원래 일정한 모양새가 없는 걸세."

이 이야기를 '마전작경磨塼作鏡, 기와를 갈아서 거울을 만든다'이라고 한다. 회양이 말한 대로 무엇을 채찍질해야 수레가 나아가겠는가? 유사한 내용이 『사십이장경』에도 있다.

수행자가 도를 닦을 때, 마치 맷돌을 돌리는 소[磨牛]처럼 비록 도를 행하나 마음이 따르지 않는 수행을 해서는 안 된다. 마음에서 진정으로 우러나와 도를 닦는다면, 도를 닦는다고 굳이 애쓸 필요가 없다.

[沙門行道 無如磨牛 身雖行道 心道不行 心道若行 何用行道]

굳이 좌선을 해야 부처가 될 수 있는 것이 아니다. 누워 있든 서 있든 앉아 있든 어떤 형태로든 선은 가능하다. 또한 앉아 있는 부처 흉내를 낸다고 해서 부처가 되는 것이 아니다. 수행자는 부처와 같은 마음 씀이 작용되어야 정각을 이룬다는 뜻이다.

여기 자동차가 한 대 있다. 겉모양이 좋고 성능도 뛰어나다. 그러나 차에 기름을 잔뜩 넣고 주차해 놓기만 하면 이 물건은 아무 쓸모가 없다. 즉 소를 채찍질해야 수레가 굴러 가고 운전하는 사람이 있어야 자동차가 움직이듯 수행자의 진정한 마음 작용이 중요한 것이다. 그러니 외부적인 형체에 관념을 두는 것이 아니라 그 형체를 이끌어 가는 투철한 마음가짐에 비중을 두어야 한다.

죽음 직전의 환자들 이야기를 다룬 책, 『인생수업』*에 이런 내용이 있다.

사람이 암 선고를 받으면 사진을 많이 찍는다고 한다. '나'라는 존재가 이곳에 존재했었다는 것을 주위 사람들에게 남기기 위해서다. 그러다 병세가 점점 악화되면 이들은 더 이상 사진을 찍지 않는다. 사진이 영원하지 않을 뿐더러 후손에게 전해진 사진이 쓸모없는 물건으로 전락할 것이라고 생각하기 때문이다. 그들이 중요시하는 것은 죽음이라는 상실 너머에 존재하는 자신의 마음과 살아 있는 사람과 나누었던 따스한 마음이다. 생사를 초월한 마음이 가장 소중한 것이라고 인식해서라고 한다.

한동안 가슴이 먹먹했다. 인간의 심성을 다룬 데 있어 진리와 상통하는 점이 있어서이다. 형체로 보이는 모든 것들은 유위법有爲法이고, 유위법을 넘어 우리에게 중요한 것은 무위법無爲法이다. 선이든 염불이든 주력이든 독경이든 무위법을 향해 주체성 있게 굴리는 진실한 마음이 중요하다고 본다. 밖으로 드러난 명리名利는 허울 좋은 겉치레요, 외모 또한 영혼 없는 수레에 불과하다. 그대가 진정 삶과 수행길에서 진리를 구하고자 한다면 수레를 채찍질할 것인가? 소를 채찍질할 것인가? 그대의 선택에 달려 있다.

- 엘리자베스 퀴블러 로스·데이비드 케슬러 저, 류시화 역, 『인생수업』(이레출판사, 2006).

# 인간관계의
# 속성

　부처님 재세 시, 아뚤라라고 하는 불교 신자가 있었다. 그는 친구들과 함께 불교 진리를 공부하자고 약속하였다. 그들은 불법을 배우기 위해 레와따 스님을 찾아가 도움을 청했다. 레와따 스님은 그들에게 도움을 주기로 약속해 놓고, 공부하는 날 찾아가면 아무 말도 하지 않고 점잖은 사자처럼 침묵만을 지켰다. 아뚤라와 친구들은 스님의 이런 태도에 마음이 상해 다른 스님을 찾아 나섰다.
　마침 사리불 존자가 훌륭하다는 소문을 듣고 그들은 사리불 존자를 찾아갔다. 사리불 존자는 그들을 반갑게 맞이한 뒤 그들에게 장광설로 불교 진리를 설해 주었다. 그런데 그들은 아직 불교에 대해 잘 알지도 못하는데 너무 긴 시간동안 진리를 들으니 지루하기 짝이 없었다. 너무 친절했던 설명도 상대를 질리게 한 것이다. 결국 그들은 사리불에게 바쁘다는 핑계를 대고 그 자리를 벗어났다.

극과 극을 달리는 두 스님을 겪은 그들은 이번에는 심사숙고해서 스승을 찾기로 하였다. 그리고 겨우 겨우 수소문해 아난 Ānanda 존자를 찾아갔다. 신자들은 이번 스님이야말로 제대로 진리를 설해 줄 거라고 확신했다.

그런데 아난 존자는 그들에게 불교 진리를 간단하게 요약만 해 주었다. 말 그대로 대입시험 한 달 전에 학원에서 하는 것과 비슷하게 요점만 들은 것이다. 이번에도 그들은 실망이 매우 컸고, 급기야 아난 존자를 험담하는 데까지 이르렀다.

여러 스님을 거치면서 시간만 낭비하고 진리를 배우지 못한 것에 화가 난 그들은 마지막으로 부처님을 찾아갔다. 그리고 부처님을 만나자마자 말했다.

"부처님, 저희는 가르침을 받고자 왔습니다. 이전에 여러 스님들을 만났지만 그들로부터 제대로 불법을 배우지 못했습니다. 레와따 스님은 너무 성의 없이 침묵만 지켰고, 사리불 존자는 지나치게 진리를 많이 설해 주어 우리를 질리게 했으며, 아난 존자는 너무 간략하게 요점만 설해 주어 진리를 이해할 수 없었습니다. 저희들은 그들의 설법이 모두 맘에 들지 않습니다."

부처님께서는 그들의 말을 경청한 뒤, 이렇게 말씀하셨다.

"그대들은 남을 비방하고 불평하는 일을 습관적으로 하고 있구

나. 이 세상의 어떤 사람이든지 남의 비방을 듣지 않은 사람은 하나도 없을 것이다. 설령 한 나라의 황제나 부처일지라도 비방을 듣는다. 입장을 바꿔서 생각해 보아라. 설령 그대들이 사람들로부터 비방을 듣는다면 어떻겠느냐? 이런 경우, 그대들이 비판받거나 비방을 듣더라도 그 말을 무시하여라. 하지만 상대방이 그대보다 훌륭한 사람이라고 생각되면, 그 비판을 참고 삼아 자신을 고칠지니라."

근래 읽은 『법구경』에 나오는 이야기이다. 소납도 10여 년간 강사로서나 법사로서 강단에 서는 일이 많다 보니, 마음에 와 닿는다. 특히 대학 강의는 각각 학생들의 입맛에 맞는 강의를 하기가 쉽지 않다. 사람 사이에서 살아가는 일도 마찬가지라고 생각한다. 이 경전 교훈과 관련해 소납은 두 가지 차원에서 말하고 싶다.

첫째는, 우리가 상대방의 장점을 보기보다는 단점만을 부각시켜 불평불만을 늘어놓기 쉽다는 점이다. 혹 어느 누군가와 만나서 대화를 할 때도 그러하다. 앞의 예처럼 그가 말이 많으면 많다고 험담할 테고, 말이 적으면 적다고 비방하며, 소심하게 행동하면 소심하다고 그를 비판할 것이다. 자! 그러니 관점을 바꿔 보라. 부정 마인드보다는 긍정 마인드를 갖는다면 상대방보다 바로 그대가 행복할 것이다.

둘째는 그 반대의 경우이다. 살면서 아무리 노력해도 비방이나 비판을 받는 일이 비일비재하다는 점이다. 부처님 말씀대로 상대방이 옳으면 쿨하게 받아들여 그대의 잘못을 인정하라. 하지만 상대방이 틀렸다면 내버려 두어라. 말 그대로 무시해 버리라는 말이다. 그들이 옳고 그름을 따지는 것에 휘말려 들어갈 필요가 없다. 즉 상대방의 생각은 상대방의 것이니, 그 사람의 생각에 그대가 끌려 들어갈 필요가 없다는 것이다. 그대를 욕하고 비방하는 것도 그대의 것이 아니다. 그 욕과 비방을 그대가 받지 않으면, 그것은 상대방의 것이다.

 인간의 속성을 이해하는 일도 지혜 가운데 하나라고 본다. 가슴을 활짝 펴라. 마음에 상처받지 마라.

# 존재하는 그 자체만으로도
# 아름다운 그대, 니티

　인도는 화장실 시설이 제대로 갖추어져 있지 않다. 성지 순례를 할 때도 소변이든 대변이든 길가에서 볼일을 보아야 한다. 현재도 그러하건만 그 옛날, 2,500년 전에는 노천가에서 볼일 보는 일이 당연했을 것이다. 그래도 왕족이나 대단한 재력가, 상인의 집에는 반드시 화장실이 있었다. 집 안에 화장실이 있다면 가문이나 신분이 대단히 높다는 것을 상징한다고 볼 수 있다.
　부처님께서 사위성 기원정사에 머물 때이다. 사위성이 있는 코살라국은 상업이 번창하고, 귀족들이 많이 살았다. 그 마을 부잣집 화장실의 인분을 퍼 주며 살아가는 니티<sub>尼提</sub>라는 사람이 있었다. 이 사람은 인도 4성* 계급 가운데 가장 낮은, 아니 신분 계급에도 들지 못하는 불가촉천민이었다. 불가촉천민은 사회의 구성원도 되지 못하며, 자신보다 높은 계층의 사람들과 얼굴을 마주 보아서도 안 된다. 그러니 이들은 상층 계급 사람들이 자신들의 존재를 멀리서도 알아보고 고개를 돌릴 수 있도록 목에 방울을 달고 다니거나 밤에만 외출을 해야 했다. 또한 사원에도 들어갈 수 없으며, 마을 공동 우물 물도 마실 수가 없다.

천민인 니티는 간신히 생계를 유지하였는데, 머리는 산발한 데다 늘 인분 냄새가 코를 찔렀고, 몰골이 너무 흉악해 사람들이 가까이하지 않았다.

어느 날 니티가 인분이 가득 찬 똥통을 등에 지고 마을 밖으로 옮기는 도중에 멀리서 부처님과 아난 존자가 걸식하는 모습을 보았다. 니티는 이런 생각을 하였다.

'부처님처럼 청정한 성자 곁으로 내가 지나가면 누가 될 것이다.'

부처님께서는 멀리서 니티가 서 있다가 옆 골목으로 황급히 피하는 모습을 보고, 앞질러 니티 앞에 나타나셨다. 당황한 니티는 부처님을 피하려다 너무 긴장한 탓인지 인분 통을 벽에 부딪쳐 깨뜨리고 말았다. 니티는 온몸에 인분을 뒤집어썼고, 길바닥에는 악취가 진동했다. 너무 당황스럽고 민망하였던 그는 땅바닥에 무릎을 꿇고 부처님께 머리를 조아렸다. 부처님께서 미소를 지으며 니티 곁으로 다가가 말씀하셨다.

"어찌하여 가던 길을 옆으로 돌아 나를 피해 가느냐? 평소에 너는 인분을 짊어지고, 지금은 인분을 뒤집어썼지만 너는 매우 성스럽고 훌륭한 인격을 지니고 있구나. 네게서 인분 냄새가 아니라 향내가 풍겨 오고 있다. 너는 비록 신분이 하층민이지만 인격만큼은 훌륭한 성자와 같다."

부처님 말씀에 감동받은 니티가 행복한 표정을 짓자, 부처님께서 말씀하셨다.

"니티야, 너는 나를 스승으로 출가해 나의 제자가 되지 않겠느냐?"

"부처님, 저는 출신 성분이 매우 비천합니다. 저같이 출신이 낮은 사람이 어찌 출가할 수 있겠습니까?"

"그렇지 않다, 니티야. 나의 법은 청정한 물로 오물을 씻어 내듯이 남녀 빈부귀천을 떠나 얼마든지 도를 닦을 수 있다. 출신이 비록 낮을지언정 너는 이 승가에 출가할 수 있다. 신분이 높은 사람이나 학식이 높은 사람, 부자만이 출가할 수 있는 것은 아니다."

이어서 부처님께서 게송을 읊었다.

"진리의 법을 배워 해탈을 얻고자 한다면 하루 속히 출가하라.

진리의 감로수는 지혜로운 자의 것이건만 어찌 빈부귀천과 관계가 있으랴."

니티는 바로 출가를 결심했고, 하염없이 눈물을 흘리며 말했다.

"만약 저같이 천한 사람이 부처님의 제자가 될 수 있다면, 지옥에 있는 사람을 하늘 세계로 옮겨 놓는 것이나 다름이 없을 겁니다."

부처님께서는 그를 이끌고 성 밖 물가로 가서 손수 니티의 몸을 씻겨 기원정사로 데리고 갔다. 이후 니티는 그날부터 용맹 정진하여 열흘 만에 수다원과를 얻었고, 몇 달 후에는 아라한과를 증득하였다.

부처님께서는 그 사람의 신분이나 학력 수준이 아니라 그 사람의 인격, 인간적인 존재만을 보고 천하다고 배척받던 사람을 제자로 받아들인 것이다. 부처님과 니티의 인연을 읽으니 현재 우리 사회가 안고 있는 문제점, 즉 사람이 사람답게 인정받지 못하는 현실이 개탄스러울 따름이다. 우리는 태어난 존재 그 자체로 인정받아야 하건만 육신을 둘러싼 껍데기로 평가받고 있다. 삶의 질로 인정받아야 하건만 종이에 적힌 프로필로 인정받고 있다. 도대체 무엇이 '인간'인가? 스펙으로, 프로필로, 겉모양으로, 출신으로는 인간 존재를 평가할 수 없는 것이다.

진리 세계가 빈부귀천과 상관없이 만인의 것임을 강조하셨던 부처님의 말씀처럼 사람은 어떤 무엇과도 바꿀 수 없는 존엄한 존재요, 존재하는 그 자체만으로 충분히 아름다운 것이다. 그러니 학력으로 사람을 보지 말고, 상대평가에서 그 사람을 비하하지 마라. 자신의 잣대가 '보편타당하다'는 어리석은 언행은 더더욱 삼가야 할 것이다.

---

- 인도의 신분제도인 4성(四姓, caste)은 바라문 · 크샤트리아(왕족) · 바이샤(평민) · 수드라(천민) 네 계급으로 이루어져 있다. 그리고 그 외 4성에 포함되지 않는 아웃카스트인 하리잔(불가촉천민)이 있다. 부처님께서는 4성 제도를 엄격히 부정하셨으며, 행을 통해서 인간은 바라문이 될 수 있다고 하셨다.

# 삶을 사랑할 줄
# 아는 사람

사람들은 누구나 오래 살고 싶어 하고, 높은 관직을 꿈꾸며, 갑부가 되고 싶어 하는 등 끊임없이 욕심을 부린다. 그 욕심이란 개인적으로나 사회적으로 지향할 만한 것은 아니다. 하지만 더 많은 것을 갖길 원하고 더 높은 곳을 추구한다는 것 자체가 살아가는 원동력이 되는 것이니, 어쩔 수 없다.

이렇게 사람들은 자신의 소유물보다 더 많이 갖고 조금이라도 손해 보지 않으려고 한다. 그러면서 어떻게 하면 더 좋은 것, 더 많은 것을 가질 수 있는지 궁금해 한다. 하기야 살다 보면 욕심이 아니라도 궁핍한 일을 당하면 누구든지 운명을 알고 싶어 할 것이다. 어쨌든 많은 이들이 사주나 관상을 통해 어떻게 하면 팔자를 고칠 수 있는지 궁구하며, 요행을 바란다.

그렇다면 인간은 태어날 때부터 사주를 갖고 있으며, 이렇게 주어진 운명대로 사는 것인가? 여기 좋은 본보기의 사람이 있다.

명나라 때 학자 원요범袁了凡, 1533~1606은 어린 시절 도교의 도사에게 미래에 대한 예언을 들었다. '과거에 14등으로 합격하고, 관리로서 어느 지위까지 오르며, 자식이 없는 팔자이고, 53세에 죽을 것이다.'라는 내용이었다. 과연 도사의 예언대로 그는 과거에 합격했고, 관리로서 어느 지위에 올랐다. 이런 경험 때문에 원요범은 주어진 운명대로 사는 철저한 운명론자가 되었다.

어느 날, 그는 운곡雲谷이라고 하는 스님을 만났다. 함께 대화를 하던 중에 스님이 이렇게 말했다.

"사람의 운명은 자신 스스로 만드는 것이며, 행복도 자신의 노력에 의해 얻을 수 있습니다. 불교에서는 이것을 업설業說이라고 합니다. 또한 남을 돕는 등 선한 일을 많이 해서 공덕을 쌓아야 합니다. 어제 일은 과거사로 벌써 사라져 버렸으며, 오늘과 미래에 새로운 나로 태어나야 합니다. 바로 이렇게 운명을 개척하는 것입니다."

이 말을 들은 원요범은 자신의 운명을 바꾸기 위해 불교신자로 인생을 살기로 하였다. 이후 그는 도사가 말한 관직이 아니라 더 높은 관직까지 올랐으며 아들도 낳았고, 53세가 되어도 죽지 않고 69세까지 살았다. 원요범은 죽기 전 인생을 살아가는 데 지침으로 삼을 만한 글을 아들에게 남겼는데, 바로 이 책이 『음즐록』이다.

첫째, 스스로 모범이 되어 남들에게 선한 일을 하도록 권장해야 한다.
둘째, 진심으로 남을 사랑하고 존경하는 겸양이 있어야 한다.
셋째, 다른 사람들의 고난을 동정하고, 도와 주어야 한다.
넷째, 남들이 공덕을 쌓도록 권장해야 한다.
다섯째, 위험에 처한 사람을 만났을 때는 구해 주어야 한다.
여섯째, 공공의 복리를 위해 자비를 실천해야 한다.
일곱째, 다른 이들의 행복을 위해 물질적인 보시를 해야 한다.
여덟째, 진실한 가르침을 가까이해야 한다.
아홉째, 어른을 공경해야 한다.
열째, 자비로운 마음으로 모든 생명을 보호해야 한다.

따뜻한 인간애가 담긴 어록이다. 전체적으로는 선을 행함으로서 공덕을 쌓으라는 뜻이지만, 이런 공덕으로 인해 운명을 바꿀 수 있다는 의미이기도 하다.

운명은 얼마든지 스스로 바꿀 수 있다. 아니, 운명 따위란 없다. 또한 얼마든지 인생에서 행복해질 수 있는 길이 있다. 그 행복이란 참된 공덕을 쌓는 것이요, 진정한 삶을 사랑할 줄 아는 따뜻한 마음만 지니면 된다.

아무리 가까운 피붙이라도 나를 대신해 살아 줄 수는 없다. 사람은 주어진 팔자대로 살아가는 것이 아니라 자신이 어떻게 삶을 개척하느냐, 어떤 공덕을 쌓았느냐에 따라 값진 삶이 될지, 그렇지 않을지가 결정된다고 생각한다.

　올림픽 경기에 참가한 선수들을 보라. 좋은 성적을 거둔 선수들이 메달을 딸 운명이라고 가만히 앉아서 4년을 기다렸겠는가. 땀과 눈물이라는 대가를 치렀기 때문에 영광을 차지할 수 있었던 것이다. 그리고 설령 메달이 없어도 그 선수가 노력한 과정은 절대로 헛되지 않다. 바로 우리 삶도 그러하다.

# 다른 방식으로
# 생각하라

　사람은 자신의 생각과 견해에 집착하는 경향이 있다. 이는 모든 이들의 타고난 성향이다. 이런 타고난 성향과 교육받고 경험한 데서 형성된 세계관을 바꾸는 일은 쉽지 아니하다. 『열반경』을 보면 이런 내용이 있다.

　옛날 인도의 어떤 왕이 신하들과 대화를 하는 중에 신하를 시켜 코끼리 한 마리를 몰고 오도록 하였다. 그리고 장님 여섯 명을 불러 손으로 코끼리를 만져 보고 자신이 느낀 대로 코끼리에 대해 말해 보도록 하였다.

제일 먼저 코끼리의 이빨상아을 만진 사람이 말했다.

"코끼리는 무같이 생긴 동물입니다."

이번에는 코끼리의 귀를 만진 장님이 말했다.

"아닙니다. 저 사람이 틀렸습니다. 코끼리는 곡식을 고를 때 사용하는 키처럼 생겼습니다."

코끼리의 다리를 만진 장님은 또 이렇게 말했다.

"코끼리는 마치 커다란 절굿공이같이 생긴 동물입니다."

그 밖에도 등을 만진 사람은 '코끼리는 넓은 평상같이 생겼다.'고 하고, 배를 만진 이는 '코끼리는 장독처럼 생겼다.'고, 꼬리를 만진 이는 '코끼리는 굵은 밧줄같이 생겼다.'고 하는 등 자신의 견해를 주장하면서 상대방이 틀렸다고 비난하였다. 이 이야기를 '군맹모상 群盲摸象'이라고 한다.

이분들만 이렇게 억지를 부릴까? 우리 모두는 자기 견해의 틀에 갇혀 생각을 쉽게 전환하시 못한다. 미국 애플Apple 사의 스티브 잡스Steve Jobs, 1955~2011는 명상과 비즈니스를 결합시켜 새로운 기업 문화를 만든 CEO로 평가받는다. 그가 살아 있을 때 했던 애플 사의 광고 문구가 "다른 방식으로 생각하라think different."였다.

이 연구를 대하는 순간, 소납은 신선한 충격을 느꼈다. 행동 양식이나 생각을 전환하는 것 자체가 새로운 세계를 의미하기 때문이다. 스티브 잡스는 생전에 명상가로 유명했는데, 그는 명상이 새로운 제품을 창안하는 기회가 되었다고 했다. 절제미와 간결미,

군더더기가 없는 제품 디자인이 나올 수 있었던 것도 명상을 통해 '다른 방식의 생각'을 발전시킨 것이라고 본다.

그러니 우리가 타성에 젖어 있는 고착된 생각을 전환한다면 삶을 발전시킬 수 있는 계기가 되는 것은 말할 것도 없음이요, 새로운 일을 개척하는 데도 도움이 될 것이라고 본다. 기존의 관념이나 의견, 자신의 편견에서 벗어나 대상을 완전히 새로 보는 '제로 베이스 사고zero-base thinking'라고도 볼 수 있다.

사람과의 관계에서 생기는 갈등을 해결하는 것도 생각의 전환만 있으면 가능하다. 소납에게는 출가한 지 3년 된 제자가 있는데, 최근에 그 제자와 부딪힌 일이 있었다. 엉킨 실타래를 풀지 못한 채 한동안 마음이 편치 못하다가 한번 생각을 전환해 보았다.

소납 입장에서 보면, 출가한 지 30년이 넘었고, 절집이라는 틀 속에 산 사람으로서 내가 생각하는 선 안에 그 친구를 가두어 놓고 있었던 셈이다. 반대편의 제자 입장에서 보면, 이제 갓 출가한 사람으로서 절집 규칙에 익숙하지 않아 어른의 보살핌을 바라는데, 스승은 권위만을 내세우니 출가자 규율에 억압당했다고 생각했을 것이다. 이렇게 상대방의 입장에서 사유를 전환시키니 자연스럽게 엉킨 실타래를 풀 수 있었다.

우리는 자신의 입장만 고수하고 자신이 받은 상처와 고통만을 크게 부각시켜 상대를 미워한다. 그리고 그 증오는 점점 눈덩이처럼 커져 서로 배신자라고 한다. 바로 이것이 자신의 견해와 사념에 빠진 어리석은 행위인 것이다. 상대방이 안고 있는 상처와 고통의 무게도 자신의 것과 마찬가지라고 사유를 전환시켜 보라. 아집이라는 틀에서 벗어나 다른 방식으로 생각해 보라. 반대편에서 바라보면 자신의 허점이 보일 것이다.

제2부

그대는
무엇을 쪼개고
다듬고 있는가

# 서 있는 그 자리에서
# 진실을 추구하라

한국의 선종은 임제종 계열인 간화선이 주축을 이루는 반면 일본의 선종으로는 임제종·황벽종·조동종 등이 있다. 일본 선종에서 큰 일파를 이루고 있는 종파는 조동종으로, 종조宗祖는 도겐[道元, 1200~1253] 선사이다.

도겐이 1223년 스승 메이젠[明全]과 함께 송나라로 들어갔을 때의 일이다. 도겐은 배에서 바로 내리지 않고 한동안 배 안에 머물며 송나라 사찰과 승려들의 동정을 살피고 있었다.

도겐은 마침 일본 상인에게 표고버섯을 사기 위해 아육왕산에서 온 늙은 전좌[부엌일을 담당하는 이] 스님을 만나 이야기를 나누게 되었다.

날이 어두워지자 도겐이 전좌 스님에게 하루 묵고 가라고 권했다. 그러자 그 전좌 스님이 말했다.
"내가 없으면 대중 스님들의 공양에 차질이 생기게 된다네."
"스님 한 분 안 계신다고 공양에 무슨 큰 차질까지 생기겠습니까? 스님께서는 매우 연로해 보이는데, 좌선을 하든지 경전이나 어록을 보시면서 편하게 수행하셔도 될 것 같습니다. 그런데 왜 힘들게 부엌에서 일을 하십니까?"
"이국에서 온 젊은이여! 그대는 아직도 수행이라는 것이 무엇인지, 문자라는 것이 무엇인지 잘 모르는 것 같군."
"그럼 수행이 무엇이며, 문자라는 것은 무엇입니까?"
"지금 그대가 질문하며 서 있는 발밑을 헛디디지 않으면 그 사람이 곧 진실을 추구하는 사람이라네."

 수행이 곧 삶이요, 삶이 곧 수행임을 알려 주는 이야기다. 이 전좌 스님은 도겐이 평생동안 잊지 못한 스승 기운데 힌 분이었디고 한다. 또한 소납에게도 도겐 못지않게 존경하는 선사 가운데 한 분이다.
 근래에 존경받는 스님은 한 소식해야 하고, 세속의 학벌도 갖춰야 한다. 그리고 명함에 빼곡히 들어찬 프로필로 그 승려의 수행 면모를 평가하기도 한다. 일전에 조계종 원로인 두 스님께서 '한국불교의 나아갈 방향'에 대해 대담하는 내용을 신문에서 읽었다. 몇십 년 전만 해도 큰절 대중공사에서 주지를 뽑아 놓으면, 그 스님은 다음 날 새벽에 몰래 도망을 갔다고 한다. 또 수좌들이 선방에 방부房付를 들이면서 '공양주를 시켜 주면 이 절에 살고 안 시켜 주면 다른 절로 가겠다.'는 으름장을 놓았다고 한다. 그러면서 원로 어른 스님들께서는 현 수좌들의 가치관이 많이 변했다는 걱정을 하셨다.

전좌 스님처럼 하찮은 부엌일조차도 수행이라 여기고, 자신의 수행보다 대중 수호를 방편으로 여기는 진실됨이 부족한 것이 현 시대의 기류가 아닌가 싶다. 근현대 중국 선종의 선지식인 허운虛雲, 1840~1959 선사는 120세까지 사셨다. 임제종의 법맥을 받은 선사였지만, 90여 세의 고령에도 늘 밭에서 일을 하셨고, 그 일로 얻은 이윤을 중생들에게 돌려 주었다.

우리는 수행이라는 것을 지평선 너머 멀리 떠 있는 허공처럼 생각하는 것은 아닐까? 우리가 살고 있는 이 자리, 우리가 어떤 무엇을 하든 진실함을 잃지 않는 이 자리가 바로 수행의 도량이다. 내가 지금 서 있는 이 자리를 벗어나 어디서 도량을 찾을 것인가? 현실 있는 그대로가 참됨[卽事而眞]이요, 이 현실을 떠나서 진리를 구할 수 있는 것이 아니다.

임제 선사도 '가는 곳마다 주인이 되고 서는 곳마다 진리의 땅이 되게 하라[隨處作主 立處皆眞].'고 하였다. 즉 자신의 존재 가치를 결정해 가면서도 현실 그대로에 적응하며 그 자리에서 느끼는 진실된 자각이 자유自由라는 것이다.

재가자들의 삶도 마찬가지라고 본다. 인생의 성공은 사회에서 인정받는 직업을 가졌느냐가 아니라 삶을 어떻게 진실 되게 살았느냐로 가늠할 수 있다고 생각한다. 행복은 멀리 있는 것이 아니다. 또한 미래에 존재하는 것도 아니다. 현재 그대가 서 있는 그 자리에서 만족하고, 열심히 노력하는 그 과정이 진실 되면 그것이 삶의 완성이요, 행복이다. 한 걸음 더 나아가 멀리 있는 사람을 사랑할 것이 아니라 바로 그대 곁에 있는 가족, 함께하는 직장 동료와의 호흡 맞춤이 바로 행복의 첫걸음이다.

# 좋은 선지식은
# 수행의 전부를 완성시켜 준다

중국 당나라 때 '일지선'으로 유명한 구지俱胝 선사라는 분이 있었다. 구지 선사는 법을 묻는 누구에게나 손가락을 세워 보였다고 하여 그의 선을 일지선一指禪이라고 한다. 구지 선사가 젊을 적 아직 깨달음을 이루지 못한 채 암자에 홀로 머물 때이다. 실제實際라는 비구니가 찾아와 삿갓을 쓰고 지팡이를 들고는 구지 선사의 선상禪床을 세 바퀴 돈 후 주장자를 선사 앞에 우뚝 세우며 말했다.

"화상이여! 한 마디 일러 보십시오. 그러면 삿갓을 벗겠습니다."

비구니가 세 번이나 물었지만 구지가 아무 대답을 하지 못하였다. 그러자 그 비구니는 가려고 하였다. 구지가 '날도 저물었으니 하루 묵고 가라.'고 해도 실제 비구니는 홀연히 떠나 버렸다. 이후 구지가 탄식을 하고 지낸 지 열흘쯤, 천룡天龍 화상이 와서 그에게 손가락 하나를 세워 보이자 그때서야 구지가 깨달았다. 구지가 발심하고 정각을 이루는 데 실제 비구니는 가교 역할을 한 셈이다.

수행자에 따라 스승의 기연機緣으로 깨달은 선사도 있지만, 도반이나 주위 사람에 의해 깨달음을 이룬 선사도 많이 있다. 소납은 여기서 스승보다 도반의 가르침을 통해 한 소식한 선사를 소개하려고 한다.
당나라 때에 5가 7종의 선종이 확립됨으로서 북방불교의 선사상이 확립되었다. 이 선종 5가 가운데 산문을 최초로 연 선사는 위앙종의 위산 영우潙山靈祐, 771~853이다. 그런데 영우가 위앙종을 개창할 때, 적극적으로 도운 사람이 서원 대안西院大安, 793~883이다. 대안은 위산과는 사형 사제 관계지만, 영우의 도움으로 깨달음을 이루었다. 대안은 이런 말을 하었다.
"내가 위산에 머무르길 30년, 위산의 밥을 먹고 위산의 대변을 보았지만 위산의 선禪만은 배우지 않았다."

일반 사회에서는 이런 말을 한 대안에 대해 가르침을 받고도 선지식을 부정하는 막돼먹은 사람으로 여기겠지만 선가에서는 깨달음의 본체를 얻은 사람으로 여긴다. 대안은 위앙종의 가풍인 '여여불如如佛'의 본체를 여실히 드러내고, 스승의 가풍을 따르되 스승의 가르침에 얽매이지 않는 '본지풍광本地風光'의 모습을 보인 것이다.

　제자들에게 몽둥이를 휘두르기로 유명한 덕산 선감德山宣鑑, 782~865의 제자로 설봉 의존雪峰義存, 822~908과 암두 전활巖頭全豁, 828~887이 있다. 당시에는 '북쪽에 조주가 있고, 남쪽에 설봉이 있다.'는 말이 있을 정도로 당시 설봉의 선풍이 대단했다. 그런 설봉이 공부를 하는 데 있어, 스승 덕산보다는 사형 사제 관계이자 도반이었던 암두의 영향이 매우 컸다.
　어느 날 설봉이 암두에게 이렇게 물었다.
　"앞으로 다가오는 뒷날을 어찌해야 합니까?"
　"오는 뒷날 거룩한 가르침을 드날리고자 한다면, 지금까지 배운 가르침을 완전히 자기 것으로 소화한 뒤, 자기 마음에서 우러나와 이 세상 모든 것과 하나가 되어야 한다."
　암두가 이 말을 끝내자마자, 설봉이 깨달았다. 위산의 「경책문警策文」에서 '나를 낳아준 사람은 부모이고, 나를 완성시켜 준 사람은 벗이다.'라고 하였는데, 이 말이 틀림없는 말인 것 같다.
　소납이 군더더기 말을 덧붙이는 것보다 부처님 말씀을 인용하며 이 글을 마치고자 한다. 잡아함 27권 『선지식경』에 의하면, 아난 존자가 부처님께 여쭈었다.
　"세존이시여! 수행자에게 좋은 도반이 있다면 그 사람은 수행의 반을 완성한 것이 아닐까요?"
　부처님께서 고개를 저으시며 말씀하셨다.

"아난아! 그렇지 않다. 좋은 벗이 있다는 것, 선지식이 있다는 것, 좋은 사람들에게 둘러싸여 있다는 것은 수행의 전부를 완성한 것이나 다름없다."

# 그대는 무엇을 쪼개고
# 다듬고 있는가?

　송나라 때 선사인 석두 자회石頭自回의 출가 전 직업은 돌을 깨고 다듬는 석공石工이었다. 그는 출가 전부터 문자를 알지 못해 사람들이 『법화경』 독송하는 소리를 듣고 따라 외웠다. 이후 대수 원정大隨元靜, 1065~1135 문하에 출가하였지만 몇 년간 허드렛일만 하였다. 마침 절에 불사가 있자 석두는 출가 전 직업을 살려 돌 깨는 일을 하였다. 그리고 손에서 정과 망치를 놓지 않고 일하면서 『법화경』을 독송하였다. 묵묵히 그 모습을 지켜보던 대수 원정 선사가 어느 날 석두에게 말했다.
　"오늘 돌 부딪치는 소리, 내일도 돌 부딪치는 소리 속에서 생사生死

가 오고간다. 그대는 무엇을 쪼개고 다듬고 있는가?"

석두는 선사의 말 한 마디에 망치와 정을 내려놓고, 스승에게 예를 올리며 깨달음을 구하였다. 대수 원정은 석두에게 '조주감파趙州勘婆'' 화두를 주며 참구하라고 하였다. 다음날부터 석두는 돌을 쪼개면서 잠시도 멈추지 않고 면밀히 화두를 참구했다. 어느 날 단단한 돌이 쪼개지지 않아 그가 힘껏 망치를 내리치자, 돌과 망치가 부딪치면서 불꽃이 튀어 나왔다. 그 순간 석두는 불꽃을 바라보며 크게 깨달았다.

석두의 경우를 보면 깨달음은 결코 멀리 있는 것이 아니다. 자신이 지금 현재 하고 있는 일, 서 있는 그 자리에 깨달음의 길이 있는 것이다. 『화엄경』에는 53선지식이 등장한다. 이들의 직업은 의사·뱃사공·유녀 등 다양하지만 정작 수행자는 몇 되지 않는다. 하지만 이들은 각각의 위치에서 최고의 깨달음을 얻은 선각자들이다. 대승불교는 반드시 출가자만 해딜하는 것이 아니라 누구나 삶 속에서 불도의 길을 구현할 수 있음을 드러내는 사상이다. 진흙탕 속에서 연꽃이 피듯이, 보리菩提는 일상의 삶번뇌로운 중생의 삶 속에 있다는 것이다.

석두 자회처럼 출가 전 독특한 직업을 가졌던 선사가 또 있다. 바로 당나라 때의 석공 혜장石鞏慧藏인데, 그는 사냥꾼 출신이다. 혜장은 출가 전 직업이 동물을 살상하는 일이어서 자신도 모르게 승려들을 피해 다녔다. 어느 날, 그는 사슴 무리를 쫓다가 마조를 만났다. 마조가 그에게 물었다.

"그대가 사냥꾼이라면 활을 잘 쏘겠군."
"예, 잘 쏩니다."
"그렇다면 자네는 화살 한 대로 몇 마리를 잡는가?"
"화살 하나로 한 마리를 잡습니다."
"그대는 화살을 쏠 줄 모르는군. 나는 화살 하나로 떼거리를 잡는다네."
"저들도 생명이 있건만, 화상께서는 어찌하여 떼거리로 잡으십니까?"
"그대는 그런 것은 잘 알면서 왜 자신은 잡지 못하는가?"**

어리석은 짐승은 잡으면서 왜 자신의 무명 번뇌는 잡지 못하느냐는 마조의 일침이다. 마조의 한 마디에 혜장은 바로 화살을 꺾고 마조 문하로 출가하였다. 사냥꾼 출신이었던 혜장은 항상 활과 화살을 가까이 두고, 사람들에게도 "이 화살을 보라!"고 외치며 교화 방편으로 삼았다. 혜장은 괴짜였지만, 훗날『조주어록』등 여러 어록에 등장할 만큼 후대 수행자들에게 귀감이 되었던 것으로 추론된다.

석두와 석공 선사를 통해 누구나 살아가면서 경험할 수 있는 일이나 직업에 선禪의 실제가 있음을 느낄 수 있다. 선이라는 것이 얼마나 간명하고 일상적인가! 이렇게 선은 바로 삶의 진실함, 소박

한 일상 속에 존재하건만 우리는 너무 멀리 있다고 생각한다. 그렇게 인식하는 것은 지레 자신의 참 성품을 낮추어 보기 때문이다. 그리고 무엇보다도 그대의 삶이 곧 수행이요, 수행이 바로 삶이라는 것을 자각하지 못하기 때문이다. 위대한 선사처럼 정각을 이루지 못할지라도 삶의 그 과정, 과정을 충실히 하라. 그 과정 자체가 수행의 과실이요, 삶의 완전함이다.

---

- 이 공안은 『무문관』 31칙에 실려 있는데, 그 내용은 이러하다. 오대산 가는 초입에 한 노파가 있었는데, 스님들이 오대산 가는 길을 물으면 "똑바로 가시오."라고 하였다. 그 대답을 듣고 몇 걸음 걸어가면 "저만 한 스님이 또 저렇게 가네."라고 하였다. 어느 승려가 이 이야기를 조주에게 하였더니, "그러면 내가 가서 그 늙은이를 살펴봐야겠다."고 하였다. 다음날 조주가 가서 그 노파에게 길을 물으니, 노파는 똑같은 대답을 하였다. 조주가 사찰로 돌아와 "내가 그 늙은이를 감파하고 왔다."고 하였다.
- •• 이 선문답은 공안 가운데 하나인 '일전일군(一箭一群)'이다. 본문의 내용에서 마조가 '그런 것을 잘 알면서 왜 자신은 잡지 못하느냐?'고 빗대어 말하고 있는 것이다.

# 수행자의
# 오만과 겸손

부처님 당시에 살았던 띳사 비구는 부처님 고모의 아들로, 부처님과는 고종사촌 사이이다. 그는 늦은 나이에 출가하였는데, 매우 뚱뚱하여 '띳사뚱보'라고 불렸다. 그는 출가한 지 며칠 되지도 않아 젊은 비구들에게 심부름을 시키고 자기에게 인사를 하라는 등 어른 대접을 받으려고 하였다. 세속에서 왕족 출신이었던 데다 아랫사람을 부리던 습관에 너무 익숙해 있었기 때문이다.

마침 유행遊行하던 스님들이 사원에 왔을 때 띳사가 법당 중간에 버티고 앉아 있었다. 스님들이 띳사에게 인사를 올리자 띳사는 당연하다는 듯 인사를 받았다. 서로 인사를 주고받으며 객스님이 띳사에게 '안거를 몇 번 보냈냐?'고 묻자, 팃사는 출가해서 한 번도 안거를 보낸 적이 없다고 답했다. 스님들의 안거 연수는 법납이 얼마인가를 뜻한다. 아무리 늦은 나이에 출가했을지라도 안거를 한 번도 보낸 적이 없는 초보 스님이 무례하게 행동한다고 생각되어 그중 한 객승이 말했다.

"오만한 늙은 비구여, 그대는 이제 갓 출가했고 우리들은 당신 선배인데 어찌 무례한 행동을 하십니까?"

팃사는 평생 그런 말을 들은 적이 없어 분노가 치밀었고, '내가 누구인지 모르고 이렇게 스님들께서 건방을 떠느냐, 법납 제도를 없애야 한다.'며 응수하였다. 팃사와 스님들 간에 입씨름이 오고가며 결론이 나지 않자, 팃사는 부처님께 가서 판가름하자고 하였다. 이들이 모두 부처님 계신 곳에 도착하자, 팃사가 먼저 불만을 토로했다. 부처님께서 팃사의 말을 다 듣고 물었다.

"팃사여, 저 객승들이 들어올 때, 너는 그들을 어떻게 맞이했느냐?"

"저는 법당 한가운데 앉아서 저들에게 먼저 인사를 받았습니다."

"그렇다면 저 객스님들께 물 한 잔이라도 올렸느냐?"

"그렇게 하지 않았습니다."

"저들에게 세면도구를 챙겨 주었느냐?"

"그렇게 하지 않았습니다."

그러자 부처님께서 팃사를 꾸짖으며 말씀하셨다.

"팃사여, 너는 저 스님들에게 먼저 인사를 올리고 공양하는 것이 당연한 일이다. 네가 법당 한가운데에 앉아서 스님들께 인사를 받는 것은 옳은 행동이 아니다. 저 스님들께 용서를 구하도록 하여라."

이렇게 부처님께서 타일렀는데도 띳사는 참회하지 않았다. 띳사가 자신의 잘못을 인정하지 않고 고집을 피우자, 스님들이 부처님께 말했다.

"부처님, 저 비구는 억지가 매우 심하고 오만을 버리지 못하는 것 같습니다."

부처님께서 말씀하셨다.

"비구들이여, 띳사의 이런 행동은 비단 이번이 처음이 아니다. 과거 전생에서부터 익혀온 습習이다. 그러니 비구들이여, 저 띳사의 행동에 언짢아하거나 원망하지 마라. 늦게 출가한 사람이니 그대들이 애정을 갖고 그를 정성스럽게 보살펴 주도록 하여라."

이 띳사 비구와 완전히 정반대인 스님이 있다. 명나라 때의 무위능無爲能 스님이다. 이 스님에 관한 내용이 운서 주굉雲棲株宏, 1535~1615의 『죽창수필』에 기록되어 있다. 무위능 스님에 관한 내용을 옮겨 오면 이러하다.

오강吳江 유경암流慶庵의 무위능 스님은 나보다 나이도 많고, 덕도 높으며, 출가한 지도 오래되었다. 내가 젊은 시절, 소호 지방에 머물 때 한방에서 함께 좌선한 적도 있었다. 그런데 무위능 스님이 내가 머물고 있는 도량으로 찾아와 내게 계를 받고, 제자가 되기를 원하였다. 내가 '그건 옳지 않은 일'이라고 사양했으나 굳이 간청하며 스님께서 말했다. '옛날에 보혜와 보현 두 보살도 광려연사˚에 들어가기를 원했건만, 제가 무슨 잘난 사람이라고 화상같이 훌륭한 사람을 마다하겠습니까?' 무위능 스님께서 어질면서도 어리석은 척하는 겸손이 고인의 풍모로 엿보이기에 이 일을 적어 뒷사람에게 권하는 바이다.˚˚

"어리석은 척하는 겸손"이라는 말이 마음에 와 닿는다. 불교에서 '어리석음'이라는 말에는 여러 의미가 있지만, 크게 두 가지로 본다. 번뇌 가운데 하나인 '어리석음'과, 오만[여기서는 아상(我相)]하지 않는 '겸손한 어리석음'이다. 선사들은 자신의 호에 어리석음[愚]이나 어눌함[訥]을 사용하기도 하고, 편지를 쓸 때도 '어리석은 중', '크게 어리석은 사람'이라고 자신을 지칭하기도 한다. 마치 진짜 어리석은 일천제一闡提가 있고, 중생을 구제할 목적으로 열반에 들지 않는 대비천제大悲闡提가 있듯이 말이다.

  주굉의 수필집을 세 번이나 읽었는데도 이 부분을 읽을 때마다 마음이 숙연해진다. 옛말에 '한 마을에 도인은 둘이 살아도 학자는 둘이 못 산다.'고 하였는데, 진정한 수행자는 어리석은 척하는 겸손이 몸에 배어 있는가 보다. 잠시 책을 덮고 자신을 들여다본다. 소납은 무위능 스님처럼 아랫사람을 선지식으로 섬길 만큼 겸손한가? 전혀 아닌 것 같다. 수행자는 깨달음이 중요한 것이 아니라 함께 공부하는 승가의 도반들을 존중할 줄 아는 것, 겸손이 몸에 밴 인성이 먼저 완성되어야 하지 않을까 스스로 다짐해 본다.

---

- 광려연사(匡廬蓮社)는 동진의 여산 혜원이 백련사(白蓮社)를 결성하고 염불 수행을 하던 곳이다. 혜원의 제자였던 장로색(長盧賾) 선사의 꿈에 검은 갓에 흰 옷을 차려입고 풍모가 수려한 사람이 절을 하며 "스님의 연화회에 들고자 서명을 하려 합니다."라고 하였다. 장로색이 이름을 물으니 '보혜'라고 하였다. 또 보혜가 자신의 형 '보현'도 함께 서명하겠다고 청했다. 스님이 꿈에서 깬 뒤, 『화엄경』「이세간품」에 두 보살 이름이 있는 것을 확인하고, 회주(會主)로 삼았다고 한다.
- • 운서 주굉 저, 연관 역, 『죽창수필』(불광, 2014), P.32.

# 자연의 소리, 아름다운 경치 그대로가
# 부처님 마음

송나라 때 문장가로 유명한 소동파蘇東坡, 1036~1101가 동림 상총東林常總, 1025~1091 선사를 찾아와 물었다.

"제가 일대사인연一大事因緣을 해결하고자 스님을 찾아왔습니다. 스님께서 이 미혹한 중생을 제도해 주십시오."

"거사님은 이제까지 어느 스님을 만나셨습니까?"

"저는 여러 고을을 전전하며 스님들을 많이 만났지만 아직도 공부가 되지 못했습니다."

한참 뜸을 들이던 상총이 말했다.

"거사님은 어찌 무정無情설법은 들으려 하지 않고, 유정有情설법만을 청하십니까?"

소동파는 여러 선사들을 만났지만 '왜 무정설법은 들으려 하지 않느냐?'는 상총의 말을 처음 들은지라 의문을 품은 채 집으로 향하였다. 가는 길녘 온 마음을 기울여 선사가 던진 말을 참구하다가 마침내 폭포 앞을 지날 때, 폭포수 떨어지는 소리를 듣고 크게 깨달았다. 그리하여 그는 '시냇물 소리가 곧 부처님의 설법이요, 산의 경치 그대로가 부처님의 법신이로다[溪聲便是廣長舌 山色豈非淸淨身].'라는 오도송을 남겼다. 선사의 말화두과 씨름하던 중 깨달음의 시절인연이 도래한 것이다.

『보등록普燈錄』에서는 "산과 시냇물과 대지가 법왕의 몸을 그대로 드러낸다[山河及大地全露法王身]."라고 하였다. 상총 선사가 말한 것처럼 모든 만물이 우리에게 진리를 설해 주건만 듣지 못하고, 보지 못할 뿐이다. 동파가 깨닫기 전에도 자연의 소리와 산의 경치는 불심佛心을 그대로 드러내고 있었다. 부처님이나 선사들이 깨달은 세계를 '제법실상諸法實相'이라고 하는데, 이는 『법화경』에서 유래된 말로, 모든 현상의 있는 그대로의 참모습을 뜻한다. 화엄에서도 '모든 것을 있는 그대로 보는 것이 불법'이라고 하였다.

소납은 지난 봄 학기, 강의 때문에 경주 동국대를 여러 번 방문하였다. 기차 타고 가는 동안이나 학교 안에서 시간적 여유가 있다보니 새로운 것을 발견했다. 멈추면 비로소 보이는 것들이 있다고 하더니 맞는 말인 것 같다. 벚꽃이 피기 전에는 아름다운 자태의 꽃들이 피었는데, 그 다음 주에는 벚꽃이 만개한 모습을 보았다.

또 그 다음 주에는 벚꽃은 졌지만 붉고 흰 복사꽃이 피어 있었고, 그 다음 주에는 복사꽃잎이 떨어진 뒤 작은 사과꽃과 배꽃이 피었다. 또 다음 주에는 붉고 흰 찔레꽃이 피었고, 그 다음 주는 찔레꽃이 시들하더니 아카시아가 온 교정에 머물러 있었다. 매년 무수한 꽃들이 피었건만 소납은 이제야 발견한 것이다.

자연은 인간에게 무한정 베풀어 주고 있건만 그것을 발견하지 못하는 것은 인간의 이기적인 만용 때문이다. 소나무는 사시사철 푸른 모습으로 진리를 설하건만 예사로 보아 넘기고, 대나무도 꼿꼿한 곧음을 보여 주건만 우리는 예사로 보아 넘긴다. 소나무는 한결같지 않은 마음을 늘 여일如一하라고 가르쳐 주고, 대나무는 이기심대로 움직이는 간사한 마음 대신 강직하라고 우리에게 충고하고 있다. 옛 선사들은 대나무를 그려 자신의 방에 걸어 두고 경책하였는데 위로 뻗은 모습은 곧음을, 속이 빈 것은 무심無心을 상징한다.

러시아의 문호 톨스토이도 "같은 사물이라도 이렇게 보고 형상화하는가는 그 사람의 마음가짐에 따라 다르다."고 하였다. 법을 구하고자 하는 오롯한 마음만 있다면 보이는 모든 사물이 공부하는 방편이 됨이요, 들리는 어떤 것이든 나를 공부케 하는 근원이 될 것이다. 즉 공부하고자 하는 구도심으로 바라보면 모든 사물이 내게 진리를 설해 준다.

송대의 유학자 주무숙周茂叔, 1017~1073도 불인 요원佛印了元, 1020~1086 선사에게 이렇게 물었다.

"도道가 무엇입니까?"
"눈앞에 보이는 푸른 산들이 제 모습을 그대로 드러내 놓고 있지 않은가?"

도는 멀리 있지 않다. 마음의 눈을 열어 둔다면 그대 앞에 펼쳐져 있을 것이다.

# 목장 주인과
# 한국불교의 힘

사위성의 귀족 출신이었던 두 젊은이가 부처님 법문에 감동을 받고 함께 비구가 되었다. 두 비구는 스승을 모시고 5년간 수행자로서의 기초과정을 배운 뒤 각자 원하는 공부를 위해 헤어졌다. 두 사람 중 나이가 어린 비구는 경학을 공부해 제자를 가르치는 강사가 되었다. 반면 나이가 많은 비구는 학문적인 연구보다는 수행에 뜻을 두어 부처님께 입출식념入出息念과 사념처四念處 수행을 지도받아 선禪에 전념했고, 열심히 정진해 깨달음의 경지에 올랐다.

그러던 어느 해, 헤어졌던 두 비구가 오랜만에 기원정사에서 만났다. 강사가 된 비구는 친구가 아라한이 된 줄은 까마득히 모른 채

자기의 학문적인 견해를 열심히 자랑했다. 그리고 한술 더 떠서 교학에 관한 어려운 질문을 하여 도반 비구를 난처하게 만들었다.

이 무렵 부처님께서 천안으로 두 비구의 모습을 보시고, 두 사람 앞에 나타나셨다. 부처님께서 그들에게 법$_{Dhamma}$을 질문하자, 경에 자신만만했던 강사는 대답을 전혀 못했지만 아라한을 성취한 비구는 정확하게 답변하였다. 강사 비구는 문자상으로만 경의 의미를 공부했을 뿐, 수행에 의한 체득이 없었기 때문이다. 부처님께서 아라한이 된 비구를 칭찬하자, 강사 비구는 자신과 같은 훌륭한 제자는 칭찬하지 아니하고 경에 무지한 비구만 칭찬한다며 불만스런 표정을 지었다. 이때 부처님께서 두 비구에게 말씀하셨다.

경을 아무리 많이 외우더라도 수행하지 않은 사람은 마치 남의 소를 보살펴 주고 수고비를 받는 목동과 같으며, 수행을 실천하는 사람은 목장의 주인과 같다.

(『법구경』)

자기가 목장의 주인이 되어야만 소에게서 생산해 내는 우유와 치즈 등을 마음대로 먹을 수 있다. 비록 문자의 의미는 잘 모른다 할지라도 실제 수행을 통해서 깨달은 수행자가 진정한 해탈을 이룬 것이요, 바로 이런 비구가 부처님의 참다운 제자라고 덧붙이셨다.

소납이 강사라는 이름을 걸친 지 10년이 넘었지만, 이 글을 교선일치로 정리하고 싶지 않다. 교가 필요한 것은 기정사실이지만 무엇보다도 수행의 힘이 필요하다고 생각한다. 아마 이런 소납에 대해 '입만 살아 움직인다.'고 돌을 던지는 사람도 있을지 모른다.

소납은 1년 넘게 미얀마에서 살았던 적이 있다. 그 이후로는 초기불교 경전이나 위빠사나 이론을 이해하는 데 어렵지 않았다. 더불어 북방불교 선을 이해하는 데도 적지 않은 도움이 되었다. 그래서 경전만을 연구하는 이들도 참선의 힘이 필요함이요, 부처님께서 말씀하신 대로 진짜 목장 주인이 되기 위해서는 수행을 근간으로 삼아야 한다고 생각한다. 최근 입적한 중국의 본환本煥, 1907~2012 선사도 이런 말씀을 하셨다.

"부처님께서 설한 모든 가르침은 '행行' 자 하나로 모아질 수 있습니다. 범부로부터 성인에 이르는 것도 행이요, 성인으로부터 부처가 되는 것도 행입니다. 행이 없다면, 어떤 것도 이룰 수 없습니다. 그러면 무엇을 실천해야 합니까? 그것은 중생에게 이익을 주고, 교화시켜 국토를 장엄하는 데 있는 것입니다."

나말 여초에 선을 최초로 전한 9산선문이 성립된 과정을 호족들과의 결탁 덕분으로 보는 학자도 있지만, 소납은 다른 측면으로 본다. 당시 9산선문의 선사들은 도의 국사가 37년간, 대부분의 선사들이 10~20여 년간 중국에서 수행을 하였던 이들로, 법맥을 받아 귀국해 신라 말 고려 초기에 선禪을 심었다. 이렇게 각고의 노력을 기울인 고대의 선사들과 조선 500년 불교가 핍박받는 속에서도 본분을 지키는 승려들이 있었다. 현재도 결제 중에 제방의 선방에서 고군분투하는 수행자들이 많이 있다. 바로 이것이 한국불교의 힘이요, 조계종의 힘이다.

# 이 시대가 요구하는
# 승려상과 무소유

비구들이여, 만약 고뇌에서 벗어나려면 만족할 줄 알아야 한다. 만족할 줄 아는 사람은 비록 맨땅 위에 누워 있어도 편안하고 즐겁지만, 만족할 줄 모르는 사람은 극락에 있어도 불편하다고 불평한다. 만족할 줄 모르는 사람은 가진 것이 많아도 늘 가난하다고 신세 한탄하지만, 만족할 줄 아는 사람은 비록 가진 것이 없어도 만족스러워 하며 부유하다고 생각한다.

위의 글은 '만족함을 알라[知足].'는 『불유교경佛遺敎經』의 내용이다. '지족' 다음으로 욕심을 적게 하라는 '소욕少欲'이 서술되어 있다.

『불유교경』은 부처님께서 열반하기 직전 제자들에게 남긴 말씀으로, 이 시대의 출가자나 재가자 모두에게 삶의 지침이 될 메시지가 담겨 있다. 여기에는 지족과 소욕 이외에 수행자로서 지켜야 할 6가지 수행 덕목이 함께 실려 있는데, 모두 합쳐 8대 인각八大人覺이라고 한다.

일본 조동종의 종조인 도겐 선사는 열반 직전에 이런 말씀을 하셨다.

"『불유교경』의 8대 인각을 배워 매일 실천하면, 무상의 진리를 깨닫게 되고, 중생들을 위해 이것을 설법하면 부처님과 같이 된다."

한편 증일아함「팔난품」에도 지족과 소욕에 관한 내용이 있다. 천안제일 아나율 존자가 유행하는 도중, 수행자의 조건 여덟 가지를 사유한 뒤, 부처님께 의견을 여쭈었다.

"부처님, 수행자가 갖춰야 할 8가지 요건을 이렇게 생각합니다. 첫째 현재 가진 것에 만족할 줄 아는 수행자知足者, 둘째 고요한 곳에 머물러 평온을 유지하는 수행자閑居者, 셋째 욕심을 여의는 수행자少欲者, 또한 계율을 지키고 선정 삼매를 유지하며 지혜를 얻고 법문을 많이 들으며 늘 정진하는 수행자라고 생각합니다."

부처님께서는 아나율의 여덟 가지 구도 자세를 듣고, 고귀한 일이며 뛰어난 일이라고 칭찬하셨다.

『불유교경』과 증일아함「팔난품」, 이 두 경전에는 승려의 요건 중 지족과 소욕이 공통으로 담겨 있다. 바로 이 지족과 소욕은 무소유 정신을 말함이요, 무소유는 승려의 첫 번째 수행 덕목이자, 계율 정신이라고 생각한다.

　부처님 당시에는 수행자들이 여분의 어떤 물건을 소지할 수 없었다. 계율에도 '삼의일발三衣一鉢'이라고 하여 가사 세 벌과 발우 하나만 소지하게 하였다. 여기서 가사 세 벌이란 상의·하의·바깥옷[法衣]을 가리키는 것으로, 오로지 현재 입고 있는 가사를 지칭한다. 또 발우를 들고 걸식해서 공양했으므로 여분의 음식을 소지하는 것조차 계율에 위배되었다. 불멸후 100년 무렵, 계율에 대한 이견으로 2차 결집結集이 이루어졌는데, 이 가운데 '약 대용으로 쓰는 여분의 소금도 소지해서는 안 된다.'는 계율 항목이 정해졌다. 또한 승려들은 안거 때 이외에는 유행遊行을 하였는데, 유행 중 한 나무 밑에서 하룻밤을 자되 절대 두 밤을 머물지 말라고 하였다. 애착과 탐욕이 생기는 것을 염려해서이다.

　『숫타니파타』에도 만족할 줄 아는 것은 수행자로서 더할 나위 없는 행복이라고 하였고, 『법구경』에서도 만족이 큰 재산이라고 하였다.

　소납이 막 출가한 햇중 때만 해도 이른 스님들께서는 "중은 춥고 배고파야 공부한다."는 말씀을 많이 하셨다. 요즘같이 물질이 풍부한 시대에 케케묵은 소리라고 옆으로 밀어 놓을 것인가? 이 말은 소납에게 들려주는 충고이기도 하다. 장판 때가 묻을 만큼 절집에 머물렀다는 삶의 안일함에 익숙해 더러는 '내가 이렇게 편해도 되는가?'라는 불안감이 엄습할 때가 있다.

　미국의 최대 갑부 워렌 버핏과 빌 게이츠는 현재도 수많은 기부금을 내고 있고, 그들의 사후에도 재산 일부분이 아프리카에 기부

될 것이라고 한다. 워렌 버핏의 자서전을 보면, 그는 세계 최고의 부자로 꼽히지만 저렴한 햄버거로 점심을 먹는 경우도 있다. 재가자들도 이러하거늘 승려라면 더더욱 재산 축적이나 불미스런 일로 세인들의 입에 오르내리는 일은 없어야 할 것이다. 비움과 나눔을 통해 진정한 무소유 정신으로 살아가는 것, 그것이 이 시대가 요구하는 진정한 수행자상이 아닐까?

---

- 8대 인각은 '만족할 줄 알라[知足].', '욕심을 적게 하라[少欲].', '고요함을 유지하라[寂靜].', '정진하라[精進].', '바른 사띠를 유지하라[守正念].', '선정을 닦아라[修禪定].', '지혜를 닦아라[修智慧].', '쓸데없는 논쟁을 하지 마라[不戱論].'이다.

# 마음이 없으면
# 보이지 아니하고 들리지 않는 법

6조 혜능六祖慧能, 638~713은 광동성廣東省 소관韶關의 남화사南華寺에 머물기 이전, 15년간 은둔 생활을 하며 보림保任을 하였다. 이후 혜능이 산에서 내려와 광동성 광주廣州 법성사法性寺, 현 광효사에 들어가니, 인종 법사가 『열반경』을 강의하고 있었다. 마침 도량에서 학인 스님들이 대화를 나누고 있는데 바람이 불어와 깃발이 움직였다.
 한 학인이 뜰에 있다가 바람에 펄럭이는 깃발을 보고 말했다.
"바람이 움직이는 것이다."
 옆에 있던 학인이 말했다.
"깃발이 움직이는 것이다."

두 학인의 논쟁이 끝나지 않자, 혜능이 말했다.

"바람이 움직이는 것도 아니고, 깃발이 움직이는 것도 아니다. 오직 그대들의 마음이 움직이는 것이다."

이 일화는 『육조단경』은 물론 『무문관』에도 '비풍비번非風非幡'이라는 공안으로 실려 있다. 혜능의 말대로 깃발이 움직인 것은 바람에 의한 것도 아니고, 깃발이 움직인 것도 아니다. 바로 깃발이 바람에 움직이는 것을 보고, 듣고, 인식한 그 마음이 움직인 것이다.

보는 것에 마음이 기울어 있기 때문에 깃발이 보이고, 소리에 마음을 두기 때문에 바람 소리가 들리는 것이다. 깃발이 움직이든 바람 소리가 들리든 거기에 마음을 두지 않으면 보이지 않고 들리지 않는 법이다.

몇 년 전 미얀마에 머물렀을 때의 일이다. 미얀마 스님들은 매일 오전 7시 무렵, 발우를 들고 마을로 탁발을 나간다. 그 사찰에 머무는 외국인 스님들도 모두 탁발 행렬에 참가하게 되어 있다. 미얀마에 도착하자마자 수행센터로 바로 들어갔기 때문에 승려들의 모습이나 풍습이 궁금하던 차, 어른 스님의 허락을 받아 탁발 행렬에 따라갈 수 있었다. 미얀마는 비구니가 없기 때문에 비구와 동등한 신분이 아니다. 그래서 탁발 승려로서가 아니라 탁발 장면을 사진에 담기 위해서 따라 나섰다.

50여 명의 스님들이 사찰 주변 마을을 1시간 정도 탁발하는 동안, 몇 장 사진을 찍었다. 그 사진을 찍을 때마다 사진의 중심에는 그곳에서 출가한 한국 스님이 찍히곤 했다. 아마도 같은 한국인이라는 동질감이 작용했던 것 같다. 그런데 며칠이 지나서였다. 인도네시아 비구 한 분이 내게 이메일로 사진을 보내 달라고 하였다. 그 스님의 사진을 찍은 적은 없기 때문에 보내줄 사진이 없다고 말했다. 그런데 며칠 후 다시 사진을 달라고 해서 사진기를 보았더니 한국 스님 바로 뒤에 그 인도네시아 스님이 서 있었다. 소납이 머문 곳이 외국인 숙소였으므로 몇 번 본 적은 있었던 그 스님을 그제서야 인식한 것이다.

그 당시 소납은 비풍비번 공안을 뼈저리게 마음에 새겼다. 눈이 있어도 마음이 없으면 보이지 아니하고, 귀가 있어도 마음이 없으면 들리지 않는다는 사실이다. 원효 스님의 오도송에서도 "마음이 있으면 가지가지 만물이 생겨나고, 마음이 없으면 가지가지 모든 만물조차 사라지는구나[心生卽種種法生 心滅卽種種法滅]."라고 하지 않았는가?

초기불교 경전에서도 '5근안·이·비·설·신의 작용에 끄달리지 말아야 한다. 눈안근으로 보는 것이니 기로 듣는 등의 감각기관을 잘 다스려야 한다.'라고 하였다. 그런데 감각기관이 문제인가? 그보다는 5근의 작용 뒤에 움직이는 그 마음을 잘 다스려야 한다는 뜻이다. 혜능이 말한 대로 깃발이 바람에 움직이는 것을 본 그 현상이 아니라 마음이 관건인 것이다.

해탈 열반을 얻기 위한 절박한 마음으로 수행에 임한다면 모든 감각기관이 멈추게 되어 있다. 즉 마음이 외부 경계에 동요하지 않고 깊은 선정에 든다면, 그 어떤 것도 들리지 않고 보이지 않는다. 태국의 아잔 차 Ajahn Chan, 1918~1991 선사가 정진할 때, 경험을 이렇게 말씀하셨다.

"좌선에 들자, 마음이 평온해졌다. 마을에서 소음이 들려왔지만, 마음을 조절하면 그 소리를 듣지 않을 수도 있었다. 마음을 한 점에 집중시켜 소리 쪽으로 돌리면 소리가 들렸고, 그렇게 하지 않으면 아무 소리도 들리지 않았다. 소리가 다가오면 그것을 알아차리는 마음을 보았고, 그 마음은 소리로부터 분리되어 있음을 알게 되었다."

그러니 번뇌가 생겼다고 외부 경계를 탓해야겠는가? 모든 번뇌는 자신의 마음에서 만들어 내는 것이다. 이 진리를 내 마음 언저리에 안착시키는 데 참으로 무수한 세월이 걸렸다.

# 법경에 비추어 본 아상

부처님께서는 제자들의 미래에 대해 예언을 해 주기도 하셨다. 제자들이 수행의 과果에 대해 질문하면 부처님은 '이런 수행을 한 사람은 이런 결과를 얻을 수 있다.'고 법칙적으로 설명한 뒤 이를 법경法鏡이라고 이름하면서 훗날에는 당신에게 낱낱이 질문하지 말고 이 법경에 비추어 스스로 살펴보라고 말씀하셨다.

 법경을 좀 더 넓게 해석해 보면 어찌 수행의 과위果位만으로 한정할 수 있겠는가? 승려가 삶과 수행의 나침반으로 삼고, 이정표로 삼아 흐트러진 마음을 추스르는 계기를 삼는 것도 법경의 활용이라고 본다.

이런 생각을 하고 있던 차, 『금강경』을 읽다 보니 다가오는 구절이 있었다. "응운하주應云何住 운하항복기심云何降伏其心". 조계종 표준본에서는 '어떻게 살아야 하는가? 어떻게 그 마음을 다스려야 하는가?'로 번역하고 있다. 소납은 이 구절을 '어떤 마음을 가져야 하며, 어떻게 번뇌를 다스려야 하는가?'로 해석하는데, 틀리지 않다고 생각한다.

법경에 비추어 현재 삶을 어느 방향으로 지향하고 있는지, 어떻게 마음을 다스리고 있는지 스스로에게 묻는다. 근래 소납 주변 사람들은 대부분이 후배이고, 강의를 통해 학인 스님들과 학생들을 접한다. 문제는 점차 아상이 높아지는 것을 스스로 느낄 때가 있다는 점이다. 법랍이나 나이라는 계급장을 달고 자신을 부각시키고 있는 소납을 만나기도 한다.

아상과 아만심은 삶이나 수행에서 큰 장애를 일으키는 근원이다. 자신의 사유 안에 갇히고, 어떤 것을 받아들이는 데도 한 번쯤 재고하며 쉽게 수긍하지 못한다. 이런 점은 소납뿐만 아니라 주변에서도 많이 겪는다. 사람들은 나이가 들수록 편견과 고정관념[相]의 틀에서 상대방의 말이나 견해를 받아들이지 못하고, 자신의 의견을 상대에게 주입시키려고 한다. 이 고정관념은 그릇된 견해를 낳고, 사견邪見은 자아 집착의 원인이 된다.

『대승기신론』에서는 "눈앞의 경계가 마음의 헛된 움직임이라는 것을 알고 그것을 점점 초월하라. 눈앞의 사물은 객관적으로 가치가 있는 것이 아니라 주관적으로 만들어 낸 것에 불과한 것이다."

라고 하였다. 결국 자신이 보고 느낀 것은 익혀 왔던 습習의 허상이요, 이 허상으로 모든 것을 판단한다. 상대방을 볼 때도 자신의 견해로 타인을 판단하면서 그것이 보편적인 견해라고 합리화시킨다. 요즘은 고령 출가자가 많다 보니 이런 점을 사미, 사미니들에게도 느낄 때가 있다. 생활할 때 자기 생각에 꽉 차 있어 승가 생활에 쉽게 동화되지 못하고, 강의도 한 발 멀찍이서 받아들이는 분도 있다.

『반야심경』의 첫 머리에 "관자재보살이 깊은 반야바라밀다를 행할 때, 5온이 공空한 것[諸法空相]을 비추어 보고 온갖 고통에서 건너느니라."라는 구절이 있다. 즉 반야의 공관[無我]으로 비춰 보아 있는 그대로 봄으로서 그릇된 견해를 깨뜨리라는 내용이다.

조계종의 소의경전인 『금강경』도 관념[相]을 버릴 것을 주된 내용으로 하고 있다. 자신과 모든 것이 무아임을 알아 4상四相을 버릴 것을 당부하는 내용이다. 매일 아침저녁으로 『반야심경』을 독송하면서도 우리의 아상은 더더욱 선고해지고 있으니, 그래서 수행이 쉽지 않은가 보다.

6조 혜능의 제자 중에 법달이라는 분이 있다. 법달은 7세에 출가해 『법화경』을 모두 외웠다. 법달이 혜능을 처음 만난 자리에서 머리를 숙이지 않는 등 거만한 행동을 보이자, 혜능이 이렇게 말했다. "네가 아무리 만부의 경을 외워도 아만심을 꺾지 못하면 업業만 키울 뿐이다. 입으로 외우고 마음으로 행하면 바로 내가 경을 굴리는 것이요, 입으로만 외우고 마음으로 행하지 않으면 바로 내가 경에 굴림을 받는 것이다[口誦心行 卽是轉經 口誦心不行 卽是被經轉]."

　아상을 줄이지 못하거나 관념에 사로잡혀 있다면 경에 굴림을 당하는 일이요, 수행에 진전이 없을 거라고 본다. 혜능 선사의 말씀대로 경의 굴림을 받지 않으려면 우리가 매일 독송하는 『반야심경』과 『금강경』의 의미를 되새겨 보자. 어리석은 소납이 어찌 더 이상 군더더기 말을 붙이랴. 나무아미타불.

# 일체 세간법이
# 다 불법

　부처님 재세 시, 빤디따는 사위성에 사는 장자의 아들이었다. 그는 일곱 살에 출가해 사미가 되었다. 그가 출가한 지 8일쯤, 사리불 존자와 함께 탁발하러 나갔다. 길을 가는 도중에 어느 농부가 자기 논으로 물을 끌어들이는 것을 본 빤디따 사미가 사리불에게 물었다.
　"존자님, 물이란 본래 인식 기능이 없는 존재입니다. 그런데 이 물을 누구든지 원하는 곳으로 끌어들일 수 있습니까?"
　"그렇다. 누구나 자신들이 원하기만 하면 얼마든지 물을 끌어들일 수 있다."

이렇게 대화를 주고받으며 다시 두 사람은 길을 걸었다. 한참을 가다가 보니 또 어떤 사람이 활시위를 만들고 있었다. 그 사람은 대나무를 불에 가까이 대어 구부려 활시위를 만들고 있었는데, 빤디따 사미는 활시위 만드는 사람을 유심히 보았다. 또 걸어가다가 빤디따 사미는 목수가 나무를 톱으로 잘라 수레바퀴 등 기타 유용한 것을 만드는 것을 보았다. 사람들의 몇 가지 행동을 유심히 지켜본 빤디따 사미는 이런 생각을 하였다.

'인식 기능이 없는 물이지만 농부가 그것을 끌어들여 곡식을 자라게 하고, 구부러진 대나무 역시 인식 기능이 없지만 사람이 불에 가까이 대어 둥글게 하며, 나무도 인식 기능이 없는데 사람이 사용할 수 있는 물건으로 만든다. 그렇다면 나는 인식 기능을 가진 사람으로서, 마음을 다스려 내적으로 일어나고 사라지는 현상을 왜 관찰sati, 念하지 못하는 걸까?'

빤디따 사미는 이런 자책을 하면서 수도원으로 되돌아가기로 결심했다. 그는 사리불에게 허락을 받아 수도원으로 걸음을 재촉했다. 그리고 방문을 걸어 잠그고 수행에 전념했다. 그리고 방에서 홀로 수행한 지 8일 만에 아라한이 되었다. 부처님께서 이 빤디따의 행동을 관찰한 뒤, 비구들에게 이런 말씀을 하셨다.

"누구나 진지하게 수행코자 한다면 하늘의 신들이 도와 주고 보호해 준다. 저 어린 사미 빤디따는 농부가 자기 논에 물을 대는 것, 장인이 대나무를 활시위로 변형시키는 것, 그리고 목수가 나무로 수레바퀴 등을 만드는 것을 유심히 지켜보고, 경책으로 삼아

자기 마음을 다스렸다. 즉 담마dhamma를 활용하여 아라한이 되었다."『법구경』

빤디따 사미가 일상에서 본 것을 수행 방편으로 활용했던 점을 눈여겨보자. 빤디따가 목격했던 것처럼 이 글을 읽고 있는 그대에게 똑같은 상황이 주어졌다면 자신은 어떠했을까를 생각해 보라. 소납의 경우라면 전혀 그러하지 못했을 거다.
또 『화엄경』「정행품」에 이런 내용이 전한다.

올라가는 길을 볼 때는 '드높은 경지에 올라 3계三界를 초월해야겠다.'는 마음을 갖고, 내려가는 길을 볼 때는 '진리의 매우 깊숙한 곳까지 이르러야겠다.'는 마음을 지니며, 가시밭길을 볼 때는 '탐·진·치 3독의 가시를 빼내어 상처 입은 마음을 갖지 않아야겠다.'고 생각하고, 부드러운 과일을 볼 때는 '정도正道를 닦아 최고의 결과를 이루어야겠다.'는 서원을 세워야 한다.

경에서 전하는 것처럼, 어떤 것을 보더라도 수행과 연관시켜 업그레이드하는 것, 바로 이 관점과 견해가 선근善根을 키우는 일이다. 이렇게 일상에서 접하는 것들을 통해 공부하는 방편으로 삼는 것도 수행자의 자세라고 본다. 실은 사람이 살아가는 그 자체가 불법인 것이지, 인생을 떠나 불법이 있는 것이 아니다. 그래서 세간의 모든 법이 불사佛事요, 불행佛行이라고 한다.

『법화경』에서 말하는 "일체의 생산을 위한 작업이 모두 실상實相과 서로 위배되지 않는다[一切治生産業 皆與實相不相違背]."라는 구절의 뜻이 바로 이와 같지 않을까 한다. 세간의 삶이 깨달음의 연원이 되는 것이요, 일상의 삶을 떠나서는 수행의 완성을 볼 수 없는 것이다. 이런 데서 연원해 대승불교 경전에서는 세속의 삶이나 수행자의 삶이 불이不二요, 일체법一切法이 불법이라고 한다. 현 삶 자체가 수행길이건만 어찌 이 현실을 떠나 멀리서 깨달음을 구할 것인가?

# 불심으로 바라보면
# 온 세상이 불국토

송나라 때 소동파는 당송 8대 문장가 중 한 사람으로, 동림 상총의 법맥을 이은 사람이다. 소동파에 대해 중국 선사들 사이에 야담으로 내려오는 이야기가 있다. 동파 거사가 운문종 5조 사계五祖師戒, 운문 문언의 손자뻘 제자의 후신後身이라는 이야기이다.

어느 날, 소동파가 도반처럼 지내는 불인 요원 선사를 찾아갔다. 두 사람이 마주 보고 좌선을 하였는데, 동파가 문득 한 생각이 떠올라 선사에게 물었다.

"스님, 제가 좌선하는 자세가 어떻습니까?"

"부처님 같네."

소동파는 선사의 말에 의기양양해졌다. 이번에는 선사가 동파에게 물었다.
"그럼 자네가 보기에 내 자세는 어떠한가?"
"스님께서 앉아 있는 자세는 마치 한 무더기 소의 똥 덩어리 같습니다."
선사는 미소를 지으며, 동파 거사에게 합장하였다.
집에 돌아온 동파는 여동생에게 낮에 선사와 좌선하면서 대화했던 내용을 들려주며 어깨까지 으쓱거렸다. 한술 더 떠서 그는 자기 자랑까지 늘어지게 하였다. 여동생이 가만히 다 듣고 나서 태연스럽게 말했다.
"오늘 오라버니는 선사에게 비참하게 패하신 겁니다. 선사는 마음속에 늘 부처 마음만 품고 있으니 오라버니 같은 중생을 보더라도 부처님처럼 보는 겁니다. 반대로 오라버니는 늘 마음속에 탐욕스런 마음만 품고 있으니, 6근이 청정한 선사를 보더라도 똥 덩어리로 본 것이에요."
소동파는 여동생의 말을 듣고서야 자신의 어리석었던 행동을 돌아보게 되었다.

이 이야기는 어디서 많이 들어봄직한 이야기일 것이다. 우리나라에서 무학 대사와 태조 이성계를 주인공으로 하여 널리 회자되어 있는 이야기와 비슷하다. 누가 원조인지는 시대적으로 계산해 보면 금방 드러나지만 굳이 진위 여부를 가릴 필요는 없으리라. 어느 나라에서나 있음직한 이야기요, 내용에서 전하는 메시지가 중요하다고 보기 때문이다.

앞의 이야기처럼 상대방을 볼 때는 자신의 관점과 자신이 키워온 업業, 습기, 한편 수행력도 포함으로 상대방을 판단한다. 자신의 견해대로 상대를 평가하고, 자신의 잣대로 상대방을 저울질하는 것이다. 끝 모를 탐욕심을 갖고 있는 이는 상대방이 탐욕자로 보이는 것이요, 청정한 수행자에게는 상대방이 부처님처럼 보일 수밖에 없다.

그래서 염불에서도 '불심佛心으로 바라보면 온 세상이 불국토요, 범부들의 마음에는 불국토가 사바로다.'라고 하였다. 늘 부처님 마음만 품고 있으면 모든 세상이 정토 세계요 사람들도 부처로 보이지만, 악한 마음을 품고 있으면 세상도 지옥이요, 사람들도 모두 자신을 해치는 적으로 보인다. 그러니 현재 주위에 미운 사람이나 적이 많으면 자신에게 미운 성품이 많은 것이요, 자신에게 문제가 있음을 자각해야 한다. 상대방에게 문제가 있는 것이 아니라 상대방을 평가하는 자신의 관점과 사고가 문제인 것이다. 밖에서 불러오는 고뇌는 결코 많지 않다. 자신의 내부에서 만들어 낸 번뇌가 자신의 인생을 갉아먹는 것이다. 특히 아집과 아상이 만들어 낸 어리석음 때문에 우리는 상대를 참 본성의 부처로 보지 못한다.

부처는 모든 존재를 부처로 보는 것이 아니라 상대가 '중생'이라는 분별심 자체가 없다. 즉 부처에게는 옳고 그름, 부처와 중생, 깨끗하고 더러움, 밉고 고움이라고 하는 이분법적 차별심이 없다는 것이다. 바로 이런 마음이 불심이다. 청정한 자성自性 자리에서 보면 옳고 그름이 어디 있을 것이며, 더럽고 깨끗함이 어디에 있을 것인가? 근본 자리를 자각하지 못하는 어리석음이 그대를 힘겹게 하는 것이다. 그러니 사람을 두고, 어찌 '중생'이니, '부처'니 하고 시비분별을 할 것인가? 그대의 부족한 수행력을 탓해야 할진저.

제3부

# 추우면 추운 대로
# 더우면 더운 대로

# 분소의와
# 부란약

월정사 한암 스님의 제자인 보문普門, 1906~1956 선사는 세수 50세에 입적하셨다. 선사를 알고 있던 분들은 스님의 빠른 입적에 하나같이 이런 말씀을 하셨다.

"보문 스님은 청정한 계율을 지키기 위해 음식을 철저히 지키셨기에 영양 부족으로 돌아가신 것이다."

보문 선사는 평생 수행자로서의 본분 이외에 안위 따위는 신경 쓰지 않았던 투철한 두타행자였다. 한번은 한 신도가 스님에게 질 좋은 베개를 공양하였다고 한다. 그러자 스님은 "내가 평안하게 잠을 자려고 출가한 것이 아니다."라고 하면서 그 자리에서 칼로 베개를 찢어 버렸다. 그러면서 제자들에게 '승려는 목침을 이용해야지 베개를 사용해서는 안 된다.'고 당부하셨다.* 이렇듯 세속에서의 삶은 비록 짧았지만, 선사는 철저한 두타행자로서 후대 승려들에게 귀감이 되고 있다.

독일 퀼른 지방의 페터 노이야르Peter Neujahr는 거지 성자로 알려져 있다. 한국에도 몇 번 방문한 그는 수행자들처럼 누덕누덕 기운 옷을 입고 나무 밑에서 잠을 자며 음식도 빌어먹는다. 또한 제도권 안에 들어가는 것을 거부하고, '인생의 가장 큰 즐거움은 소유의 즐거움을 포기하는 것'이라고 하면서 '부처님의 제자'임을 자랑스럽게 여긴다.

요즘은 사찰에서 음식 시연을 하고, 음식점이 많아지는 것은 말할 것도 없으며, 출판사마다 앞 다퉈 올 컬러 판으로 사찰 음식 책을 출판한다. 소납으로서는 상상도 할 수 없는 다양한 음식이 즐비하다. 그런데 고대로부터 승려들이 이렇게 많은 시간을 '투자'해 음식물 섭취에 실했던가?

초기불교 수행자들은 가사를 '분소의糞掃衣'라고 하였다. 사람들이 입고 쓰던 천을 버리면 그것들을 모아 조각조각 기워서 만든 옷이기 때문이다. 음식도 어떤 음식이든 간에 신자들이 공양 올린 것은 차별하지 않고, 맛에 천착하지 않으며, 수행을 유지하기 위한 약으로 생각하고 섭취했다. 『불유교경』에서도 '겨우 몸을 지탱할 수 있는 정도로만 기갈을 면하라.'라고 하였다. 우리나라 어른 스님들 역시 반찬을 세 가지 이상 올리지 말라고 하신다.

하다못해 부처님 당시에 승려들이 병이 났을 때는 부란약腐爛藥을 먹었다. 이 약은 소의 오줌을 발효시켜 만든 허술한 약인데, 육신에 대한 집착을 경계하는 의미도 담겨 있다.**

이를 보면 승려는 세상에서 가장 허름한 옷을 입고, 가장 거친 음식을 먹으며, 변변한 명리名利조차 없지만 정신적으로는 최선最善을 지향하는 이들이라고 정의하는 것이 옳을 것이다.

중국 남악산에 나잔이라는 선사가 있었다. 나잔은 북종선의 3세에 해당한다. 대통 신수大通神秀, 606~706 문하에 당시 화엄학자이자 선사인 보적普寂, 651~739이 있는데, 나잔은 바로 보적의 제자이다. 당시 사람들은 이 선사를 누더기를 걸치고 노쇠해서 비틀비틀 걷는 노인이라는 뜻의 '나잔懶殘'이라고 불렀다.

당나라 현종712~756 재위이 나잔의 덕을 칭송해 관직에 기용할 생각으로 칙사를 보내 나잔을 장안으로 모셔 오라고 하였다. 칙사는 나잔이 머물고 있는 산골을 겨우 찾아가 황제의 말을 전했다. 그런데 나잔은 칙사 앞에서 아무 말도 하지 않고, 감자를 굽더니 평소에 씻지도 않아 침과 콧물이 목덜미 근처까지 드리운 채로 맛있게 먹었다. 한겨울인 데다 너무 초라한 행색의 노승이 감자를 먹고 있는 모습이 안타까워 칙사가 물었다.

"스님, 무엇이든 필요한 것은 없습니까?"

나잔이 고개를 들어 말했다.

"그래, 내가 부탁을 하나 하지요. 자네가 아까부터 내 앞을 가로

막고 서 있어 햇볕이 들지 않으니 자리 좀 비켜 주시오."

중국이나 한국에서 불교가 발전할 수 있었던 것에는 왕권의 도움이 적지 않았다. 특히 중국에서 경전 역경이나 세계문화유산급 석굴이 완성된 것도 왕권의 도움이 있었기에 가능한 일이었다. 이 점을 부정하지도 않거니와 비판하지도 않는다. 하지만 왕권의 도움보다도 들판의 이름 모를 풀처럼 묵묵히 수행했던 선사들이 있었기에 불교는 존속할 수 있었다.

선종 4조 도신580~651은 쌍봉산에서 수행하며 산에서 내려오지 않았다. 당나라 태종이 도신을 만나고자 3차례나 입궐할 것을 권했으나 도신은 한사코 거절했다. 화가 난 태종이 4번째 입궐할 것을 명하며 '이번에 입궐하지 않으면 목을 베어 오라.'는 명을 내렸다. 그런데도 도신은 이에 굴하지 않고 쌍봉산을 벗어나지 않았다.

당나라 마조의 제자 가운데 분주 무업汾州無業, 760~821 역시 그러했다. 당시 '북北에는 무업이 있고, 남南에는 염관鹽官이 있다.'고 할 정도로 무업의 선풍이 널리 알려져 있었다. 헌종805~820년 재위이 무업에게 궁에 들어와 설법해 주기를 청했으나 무업은 그때마다 응하지 않았다. 무업 만년에 목종820~824년 재위이 또 다시 신하를 보내어 환궁을 요청하자, 무업이 이런 말을 전했다.

"가 보아야 될 곳은 못 가보지만, 길은 반드시 다르지 않네."

다음날 무업은 입적했고, 목종은 무업에게 대달국사大達國師라는 시호를 내렸다.

이처럼 멋진 수행자들이 있었기에 선禪은 면면히 흘러왔고, 앞으로도 승가는 흘러갈 것이다. 이런 선사들의 존재는 강산이 세 번이나 바뀌어도 소납이 승가에 머물러 있는 이유이기도 하다. 비록 가난하고 배고파도 어찌 수행의 기쁨을 한낱 공명과 바꿀 수 있겠는가. 나잔 선사도 「낙도가樂道歌」에서 이런 구절을 쓰지 않았는가.

밖으로 공명을 구하는 일은 얼빠진 놈이 하는 짓이다.

---

- 보문문도회·김광식 엮음, 『보문선사』(민족사, 2012) 참고.
-- 승려의 사의지(四依止)란 탁발로 걸식하고, 분소의(糞掃衣)를 입으며, 나무 아래서 거주하고[樹下坐], 약은 부란약(腐爛藥)을 먹는 것을 말한다.

# 중은 염불할 줄 알아서
# 마지밥 내려 먹을 정도는 돼야 한다

　초기불교가 이성과 냉철함을 바탕으로 개인적 사유와 도의 실현을 기반으로 삼은 반면 대승불교는 사회직 공존의식 속에 '구제'라는 이타 사상을 담고 있다. 그래서 대승불교에서는 누구나 수행해 성불할 수 있으며, 행복하게 살 수 있는 다양한 수행법이 나왔다. 이 수행법 중 가장 쉽게 할 수 있는 것이 염불이 아닐까 한다.
　『무량수경』에 임명종시臨命終時에 아미타불 명호를 십념十念만 하면 왕생극락한다고 하였고, 『관무량수경』에는 아무리 사악한 악인이라도 '나무불'이라고 열 번만 소리 내어 부르면[十聲] 극락세계에 왕생한다고 하였다. 또한 『법화경』에서는 "만약 누군가 산란한 마음으로 부처님 탑묘에 들어가 한 번이라도 '나무불' 하고 부른다면 이 사람은 이미 불도를 성취한 것이다."라고 하였다. 이렇게 초기 대승 경전에는 부처를 칭명稱名하는 타력적인 신행이 등장하면서 모든 중생이 함께 행복한 세계에 살 수 있다는 염원이 담겨 있다.

과학과 의학이 나날이 발전해도 현대인의 삶은 여전히 고통스럽고 고독하다. 우울증 환자가 급증하고, 스트레스로 인한 질병 발병 확률도 높아지고 있다. 바로 이런 시기에 불교 포교의 한 일환으로 염불에 의한 마음 치유를 개발하는 것도 한국불교의 한 비전vision이 될 거라고 본다. 그런데 정토신앙이 발달한 중국이나 한국에서 이 염불 의식은 하근기나 아녀자가 하는 낮은 수행이라는 인식이 은연중에 깔려 있다.

하지만 대승 경전에 근거해 본다면, 『금강경』에서는 "이 법은 평등해서 높고 낮음이 없다."라고 하였고, 『능엄경』에서는 "근원으로 돌아가는 성품은 두 길이 없으나 방편 따라 가는 길에는 여러 문이 있다[歸元性無二 方便有多門]."라고 하였다. 또한 『법화경』에서는 "삼승방편 일승진실"이라고 했다. 삼승은 방편설이지만 모두 깨달음[一乘]을 지향한다는 뜻이다. 인간은 누구나 불성을 가진 존재로서 부처가 될 수 있다는 것이 바로 일승설이다.

이런 관점으로 볼 때, 대승불교 국가인 우리나라에서도 당연히 염불 행법이 존중되어야 한다. 더불어 불자들이 쉽게 행할 수 있는 염불하는 방법을 개발함은 물론이요, 한국인의 정서에 맞는 염불 음악이 보급되는 것도 중요하다.

 불보살 칭명에 있어서도 아미타불만을 염하라는 것이 아니다. 불보살의 명호에는 부사의不思議한 힘이 있으며, 우주만유의 생명력이 흐르고 있다. 아미타불이든, 석가모니불이든, 관음보살이든, 지장보살이든 평소 자신에게 익숙한 불보살의 명호를 칭명하면 된다. 또한 '옴마니반메훔'이나 『대방광불화엄경』, 『나무묘법연화경』, 『마하반야바라밀』, 『금강반야바라밀』 등 경전 명을 그대로 염하여도 무방하다.

 입으로 칭명하고 내 마음의 지극함이 담겨 있는 염불을 하면서 염념상속만 된다면, 부처님의 광명이 그대를 비출 것이요, 두려움으로부터 자유를 얻을 것이다. 소납은 아미타불을 염하는데, 그 칭명만으로도 나를 든든히 가이드해 주는 후원자와 같은 충만감을 느낄 때가 있다. 염불을 지속적으로 한다면 상대방에게 화나는 마음이 일어났어도 그 순간에 아미타불이나 관음보살을 염함으로서 조금이나마 진심嗔心을 최소화할 수 있다고 생각한다. 더 나아가 8풍八風•에 동요되지 않는 평정심을 얻을 수 있을 것이다.

 행중 시절, 어른 스님들께서는 '중은 염불할 줄 알아 마지밥 내려 먹을 정도는 돼야 한다.'고 말씀하셨다. 그만큼 우리나라는 선종을 표방하지만 염불과 떼려야 뗄 수 없는 대승불교 사상을 갖고 있다. 교육원에서도 학인들에게 염불 수업을 강조하고, 승가고시에도 반영하고 있다. 그만큼 포교 일선에서도 염불을 도외시할 수 없기 때문이다. 아무튼 염불이 점차 대중화되어 가고 있는 현상이

요, 일상 속에 뿌리내리는 수행법으로 매우 고무적인 일이라고 본
다. 나무아미타불 관세음보살.

---

- 8풍(八風)은 이(利), 쇠(衰), 훼(毁), 예(譽), 칭(稱), 기(譏), 고(苦), 락(樂)을 말한다.
  이(利)는 자신에게 이로운 것, 쇠(衰)는 자신에게 불리한 것, 훼(毁)는 남으로부터 나쁜 평판을 듣는 것, 예(譽)는 남으로부터 좋은 평판을 듣거나 명예로운 일을 겪는 것, 칭(稱)은 남으로부터 칭찬받는 것, 기(譏)는 남으로부터 속임을 당하거나 비판받는 것, 고(苦)는 고통스런 일을 당하는 것, 락(樂)은 즐거운 일을 겪는 것을 가리킨다.

# 축구 선수의
# 루틴과 경행 염불

축구 선수들이 페널티킥이나 승부차기를 할 때, 극도의 긴장감을 극복하는 방법이 있다고 한다. 바로 루틴Routine, 반복 행동이다. 포르투갈의 축구 선수 호날두는 프리킥을 찰 때마다 행동을 반복하는데, 공을 놓고 뒤로 다섯 발자국 물러서서 심호흡을 크게 하고 골대를 노려본다. 긴장감을 떨치고 최고의 실력을 내기 위해 반복 행동을 하는 것이다. 또한 페널티킥 같은 경우에는 공을 놓고 뒤로 일곱 걸음 정도 간 뒤 공의 방향을 정해 놓고 차는 경우가 많다고 한다.

한편 골키퍼도 루틴을 한다. 골키퍼들은 수비 직전 골문 안쪽으로 들어갔다 나오면서 긴장을 풀고, 자기 팀 선수가 공을 찰 때는 골문을 등지고 관중석만 바라본다. 이렇게 축구 선수들이 긴장을 떨치고 최고 실력을 내기 위해 루틴을 거치면 마음이 안정되고 자신이 원하는 목표를 달성하는 효과가 있다고 한다. 특히 고도의 집중력이 필요한 승부차기에서는 공을 차는 사람이나 막는 사람 모두에게 루틴이 중요하다고 한다.

베트남의 틱낫한 스님은 "삶을 바꿀 수 있는 힘은 걸음 안에 있다."고 하였다. 그래서 스님께서 상주하는 프랑스 플럼 빌리지 명상센터에는 걷기 명상 프로그램이 있다.

그렇다면 이 걸음을 불교적인 신행 의식과 연결지어 보면 어떨까? 즉 염불과 걸음을 복합적으로 매치시켜 '걸으면서 염불한다'는 것으로 승화시켜 보자. 한국 불자들에게는 익숙지 않겠지만 현재 중국의 스님들이나 불교신자들은 한국과는 다르게 걸으면서 염불을 한다. 스님들은 예불할 때 중간중간 아미타불을 염하며 법당이나 도량을 걷는다. 불자들도 법당에서 기도할 때 줄지어 걸으며 염불을 한다. 원영 圓瑛, 1878~1953 선사도 걸으면서 칭념 稱念 하셨다. 원영 선사의 법문에 이런 내용이 있다.

> 나는 역경을 당하여 마음에 번뇌가 일어날 때마다 경행염불, 즉 걸으면서 염불을 한다. 네 걸음에 부처님 명호를 한 번 부르고, 돌면서 다시 반복한다. 몇 번을 돌면서 염불하다 보면 점점 마음이 청량해지고 뜨거운 번뇌가 저절로 쉬어지는 것을 느낀다.

또 일이 많아 마음이 어지러워서 깊은 잠을 이루지 못할 때도 오로지 부처님 명호를 칭념하면, 곧 마음이 안정되어 스르르 잠에 빠져 들어 편안히 잔다.

소납도 하루에 1시간 정도는 걸으면서 염불하거나 원고를 정리한다. 소납이 미타행자는 아니지만 산책하면서 걸음을 옮길 때마다 아미타불을 한다. 즉 왼발을 움직이면서 '아미'를 칭명하고, 오른발을 움직이면서 '타불'을 칭명한다. 혹 빨리 걸을 때는 왼발에 '아미타불', 오른발에도 '아미타불'을 칭명한다. 위빠사나 수행을 할 때, 경행하면서 집중 수행을 했던 경험을 살려서 이렇게 실천하고 있다. 소납에게 걷는다는 것은 몸과 마음의 평온은 물론이요, 자신을 성찰하는 시간이 되기도 한다.

축구 선수들이 긴장된 순간에 심리적인 안정을 찾기 위해 반복 행동을 하는 것처럼 걸음이라는 작은 역동성이 수행자에게는 사유와 신징을 키워 주고, 철학자에게는 위대한 사상을 생산하는 기회가 된다. 이런 맥락에서 볼 때 걸으면서 하는 염불이나 기도는 불자들의 심리적인 안정과 신심을 극대화시킬 수 있다고 본다.

물론 과학적인 실험이나 심리 반응을 부처님과의 만남인 염불에 대입시키는 것은 위험한 발상일 수도 있다. 하지만 좀 더 친숙한 염불 신행법을 개발하는 데 있어 사회에서 실험된 내용이나 과학적인 방법을 활용하는 것도 괜찮지 않을까?

# 무주상자비 無住相慈悲

 구한말 경허 선사의 제자 가운데 혜월慧月. 1861~1937 선사가 있다. 혜월은 경허 선사의 삼월三月 가운데 한 분으로, 이 혜월 선사를 후대의 우리들은 '천진도인天眞道人'이라 부른다. 왜 그 어른을 천진도인이라고 부르는 것일까?
 스님께서 선암사에 상주하며 주지로 사실 때의 일이다. 겨울철이 되자, 마을 장정들은 사랑방에 모여 술을 마시거나 도박을 하였다. 장정들의 이런 생활에 동네 아낙들의 한숨은 점점 깊어갔다. 사찰에 온 신도로부터 이런 상황을 전해 들은 스님은 '절 앞 황무지를 개간한다.'는 소문을 내고, 동네 장정들을 불러들였다. 절에 일거리

가 생겼다는 말을 듣고 장정들이 모여들었고, 일이 시작되었다.

그런데 겨울 내내 장정들이 모여 황무지를 개간하기는 했으나 결과적으로 개간된 땅은 겨우 논 두 마지기에 불과했다. 그리고 막상 그들에게 품삯을 지불하려고 하니, 논 열 마지기 값에 해당되는 액수였다. 혜월은 겨우겨우 그 돈을 마련해 그들에게 품삯을 주었다. 그러자 젊은 스님들이 분통을 터뜨리며 말했다.

"스님, 우리가 그 농부들에게 속은 겁니다. 겨우 논 두 마지기를 위해 논 열 마지기를 손해 본 겁니다."

이 말을 들은 혜월 스님은 진지한 표정을 지으며 말씀하셨다.

"논 두 마지기가 절 앞에 새로 생겼고, 장정들에게 품삯으로 준 열 마지기는 그대로 저들에게 있지 않은가? 겨울 내내 놀지 않고 일을 했으니 장정들이나 그 가족들에게도 얼마나 좋은 일인가? 내년 겨울에도 그들을 하릴없이 놀리지 않고 또 논을 만들 생각이네."

소납이 곱씹고 곱씹는 스님의 '존경스런' 계산법이다. 왜 혜월을 전진이라고 하는지 이해되지 않는가. 그 밖에도 혜월은 논밭을 지나다가 주인 몰래 소를 풀어 주기도 하고, 쌀을 훔쳐 지게에 지고 가려던 도둑이 끙끙거리자 지게를 밀어 주기도 하였다. 또 49재 제사 준비를 하러 장에 가던 도중 만난 불쌍한 여인에게 돈을 다 주고 사찰로 돌아온 일도 있었다.

이런 혜월과 비슷한 선사가 일본에도 있다. 임제종의 종조인 에이사이[榮西, 1141~1203]이다. 에이사이가 건인사建仁寺에 머물고 있을 때, 한 걸인이 병들고 굶주린 몸으로 선사를 찾아왔다. 선사는 줄 만한 물건이 없자, 법당으로 들어가 약사여래상의 금박 광배를 잘라서 걸인에게 주었다. 선사는 '이걸 팔아서 약도 지어 먹고, 몸을 회복하라.'는 말씀까지 곁들였다. 제자들이 부처님을 욕되게 한 일이라며 투덜거리자, 선사가 제자들에게 말했다.

"무엇이 욕된 일인가? 단하 선사는 목불을 태웠는데 나는 부처님을 태운 것도 아니지 않은가? 만약 부처님이었다면 팔을 빼어 줬을 것이네. 광배 하나 빼어 중생에게 준 것이 무슨 큰일이라고 소란을 피우는가?"

10년 후 이 걸인은 관리가 되어 백성들에게 자비를 베풀었고, 선사의 후원자가 되었다.

소납은 어른 스님들의 이런 일화를 언급할 때마다 마음이 편치 못하다. 거두절미하고, 자비롭지 못하기 때문이다.

수년 전 중국 사찰 순례를 장기간 한 일이 있다. 선종 사찰은 대체로 시골이나 산골에 위치해 있어 택시를 타야 할 경우가 많았다. 청규를 제정한 백장百丈. 749~814의 도량을 찾아갔을 때인데, 사찰이 꽤 먼 데다 버스도 하루 한 차례밖에 없었다. 할 수 없이 소형차를 빌렸는데, 기사는 계속 추가 요금을 요구했다. 몇 번의 팽팽한 줄다리기 끝에 중간선에서 대금을 지불했다. 그 밖에도 숙박비나 택시비, 물건 값에 온전한 금액을 지불한 적이 별로 없다. 변명이지만 중국은 호텔 숙박비나 택시비, 버스비가 정액제가 아니어서 사회 전반적으로 대금이나 물건 값을 흥정하는 문화이긴 하다.

솔직히 고백하자면, 중국에서 순례하는 동안 소납은 요금 문제만큼은 거의 싸움닭에 가까웠다. 지금 생각해 보면 민망한 일이지만 몇 달간의 장기 순례였던 데다 '내 나라 귀한 돈을 함부로 쓸 수 없다.'는, 한국인으로서 최선의 행동이라고 생각했다.

자비도 혜월이나 에이사이처럼 지혜의 작용에서 나와 무주상無住相으로 베푸는 것이 진정한 자비라고 본다. 지혜를 바탕으로 자비가 자연스럽게 표출되어야지, 분별심에서 나와 인위적으로 억지로 베푸는 것은 위선이다. 어찌 되었든 수행자는 지혜와 자비행을 동시에 구족해야 하지만 두 가지를 다 갖추기는 쉽지 않은 일이다. 소납에게 하나만 지향하라고 한다면, 지혜를 갖춘 똑똑한 승려보다는 자애심을 지닌 따스한 인간이 되기를 서원한다.

---

• 경허 선사의 세 수법 제자를 가리켜 흔히 삼월(三月)이라 부르는데, 수월(水月, 1855~1928)은 상현달, 혜월은 하현달, 만공(滿空, 1871~1946)은 보름달이라고 한다.

# 무심無心과
# 분별심分別心

『금강경』서두에 수보리가 부처님께 이런 질문을 한다.

"보리심을 낸 보살은 어떻게 살아야 합니까[應云何住]? 그리고 어떻게 그 마음을 다스려야 합니까[云何降伏其心]?"

부처님의 답변은 간단했다.

"중생을 제도하고도 제도했다는 상相, 집착심, 분별심, 관념을 갖지 마라. 보살이 상을 갖고 있으면 진정한 수행자라고 할 수 없다. 그리고 보시를 하되 관념을 갖지 말고 무주상보시를 할지니라."

같은 반야부 경전인 『유마경』에도 분별심에 관한 내용이 있다. 회중에 한 천녀天女가 보살들과 성문 제자들에게 하늘 꽃을 뿌렸다. 그런데 꽃잎이 보살들에게는 붙지 않고, 성문 제자들에게만 붙었다. 스님들이 아무리 꽃잎을 떼려고 해도 떼어지지 않았다. 이때 천녀가 사리불에게 물었다.

"존자님, 왜 굳이 꽃잎을 떼려고 하십니까?"

"비구 옷에 꽃잎이 붙어 있는 것은 법답지 못하기 때문입니다."

"꽃잎은 분별이 없건만, 존자님께서 왜 그렇게 분별심을 내십니까? 출가자가 분별심을 내는 것은 여법如法한 행위가 아닙니다. 꽃잎이 붙지 않은 저 보살들은 분별하는 마음이 없기 때문에 꽃잎이 붙지 않은 겁니다. 마치 사람들이 두려운 생각을 품으면 귀신들이 그 틈에 장난치는 것처럼, 스님네들이 생사生死를 두려워하기 때문에 6경인 색·성·향·미·촉·법 경계들이 틈을 내는 것입니다. 두려움 없는 사람에게는 5욕이 스며들지 않는 법입니다. 번뇌나 두려움이 없는 이에게는 꽃잎이 붙지 않습니다."

집착하고 분별심을 내니 자유롭지 못한 마음에 스스로 장애를 일으킴이요, 그 틈에 묶여서 벗어나지 못한다. 요지는 분별심이나 집착심이 문제라는 것이다.

당대 선사 대주 혜해는 『돈오요문頓悟要門』에서 "선악개능분별善惡皆能分別 어중무착於中無着"이라고 하였다. 즉 선한 것은 선한 대로, 악한 것은 악한 그대로 분별은 하되, '선하다는 것', '악하다는 것'에 대한 분별심을 내거나 의식하지 말라는 뜻이다.

옳고 그름, 남자·여자, 청정·더러움 등 이분법을 스스로 만들어 내어 분별하고, 스스로의 상자 안에 갇혀 있다. 이 분별심은 『금강경』으로 말하면 '소주심所住心'에 해당한다. 그 반대인 무소주無所住는 선禪에서 '무심無心'이라는 말로 바꿔 쓸 수 있다. 황벽 희운黃檗希運, ?~856은 『전심법요傳心法要』에서 무심을 갠지스 강의 모래에 비유해 이렇게 말했다.

> 모래는 부처님이나 보살 등 성인이 지나갈지라도 기뻐하지 않는다. 반대로 소·양·벌레가 밟고 지나가도 싫다거나 화를 내지 않는다. 또한 진귀한 보배와 향료가 쌓여 있다고 할지라도 모래는 탐내지 않으며 똥오줌의 악취에도 모래는 싫어하지 않는다. 이런 마음이 무심이다. 분별심을 여의어 중생이든 부처님이든 여자이든 남자이든 어떤 것에도 차별하지 않는 무심한 자가 진실로 깨달은 사람이다.

소납은 조계종 승적을 소지한 지 30년이 넘었다. 직분은 승려가 아닌 비구니로, 종단에서는 아웃사이더라고 할 수 있다. 모친은 딸이라도 귀한 자식 낳았다고 미역국을 먹었을 터인데 하는 아쉬움도 들고, 종단의 숫자 채워 주는 일원이 아닌가 하는 의구심이 들 때도 있다.

그러나 경전이나 어록을 볼 때는 차별받지 않는, 분별심의 대상이 아닌 자유인이라는 점을 만끽한다. 이생에 승려로서의 삶은 최고의 행운이요, 진리를 만난 것에 대한 행복감도 느끼면서 말이다.

종단에서도 종회의원 숫자나 사찰 주지, 비구니 참종권 확대 등 비구니 권익 문제가 여러 차례 등장하고 있다. 비구니도 종단의 아웃사이더가 아닌 인사이더가 되는 날을 기대해 본다.

# 활인검 活人劍
# 살인도 殺人刀

혜월 선사가 대중법회에서 설법을 하면 늘 이런 말씀을 하셨다.

"나에게는 사람을 살리기도 하고 죽이기도 하는 활인검活人劍과 살인도殺人刀 두 자루의 명검이 있다."

경상남도 전 지역을 관할하고 있던 일본인 헌병대장이 어떤 경로로 소문을 들었는지 혜월을 찾아와 선사에게 이렇게 말했다.

"스님께서 활인검과 살인도, 두 자루의 명검을 가지고 있다는 소문을 듣고 구경하러 왔소이다."

"그러신가. 그럼 보여 줄 테니 나를 따라 오시게."

혜월은 말을 끝내자마자, 섬돌 축대 위로 성큼성큼 올라섰다. 헌병대장도 선사의 뒤를 따라 축대 위로 올라갔다. 그런데 그 순간, 혜월이 느닷없이 돌아서서 헌병대장의 뺨을 후려쳤다. 순식간의 일인지라 헌병대장은 축대 밑으로 굴러 떨어졌다. 선사는 축대 밑으로 내려와 한 손을 내밀어 헌병대장을 일으켜 세우며 말했다.

"방금 전에 내가 당신의 뺨을 때린 손은 죽이는 칼이요, 지금 당신을 일으켜 세우는 손은 당신을 살리는 칼이오."

헌병대장은 그제서야 깨닫고 선사에게 3배를 올리고 돌아갔다고 한다.

고려 말 나옹 혜근懶翁慧勤, 1320~1376에게도 이런 비슷한 일화가 전한다. 혜근은 지공指空, 서천 108조과 평산 처림平山處林, 1279~1361 두 선사의 법맥을 모두 받았다. 나옹이 원나라에 들어가 지공 문하에서 공부를 마친 뒤 처림을 찾아갔다.

혜근은 처림을 만나자마자, 좌복으로 선사를 내리쳐서 넘어뜨린 다음, 처림을 일으켜 세우며 말했다.

"내 칼은 사람을 죽이기도 하지만 살릴 수도 있다."

처림은 나옹의 선기禪機를 인정하고 그에게 법을 전했다. 혜근은 처림의 도량에서 몇 달간 머물렀는데, 처림은 혜근에 대해 '그대의 말이나 기운이 불조佛祖와 맞고, 종지宗旨의 안목이 분명하고 매우 높다.'고 평가했다. 혜근도 스승의 도량을 떠날 때, '서로 믿고 의지하지만 공부를 위해 떠난다.'고 하며 아쉬움을 토로하였다.

'활인검, 살인도'는 공안 가운데 하나로 스승이 제자를 지도할 때

자재한 작용을 비유하기도 하고, 선승들끼리 서로 선기를 겨루는 데 활용되기도 한다. 하지만 소납이 선사들의 선기를 언급할 만큼 근기가 수승하지 못하니, 삶과 관련해 이야기해 보자.

전쟁 중에 죽어 가는 군인이 있다면, 의사는 칼을 수술 도구로 활용한다. 반면 그 의사가 목숨을 위협받는 상황에 처하면 칼로 사람을 살상할 수도 있을 것이다. 바로 이처럼 사람은 누구나 손에 칼을 가지고 있다.

여기서 사람을 죽이기도 하고 살리기도 한다는 칼이란 인간의 마음을 상징적으로 표현한다. 인간은 타고날 때부터 정해진 운명이 아니라 후천적인 노력에 의해 최고의 성인군자가 될 수 있다. 그 반대로 마음을 방치하면 최고의 악인도 될 수 있다. 그것은 자신이 가진 칼마음을 어떻게 활용하느냐에 따라 길이 달라지기 때문이다.

소납은 '사람이 꽃보다 아름답다.'는 말을 자주 활용한다. 하지만 '호랑이나 사자보다 무서운 것이 사람이다.'라는 말도 있다. 과연 인간의 성품이 어떠하길래 저렇게 정반대의 말이 있겠는가? 이는 바로 마음 작용 때문이다. 마음 작용에 따라 인간이 꽃보다 아름다워지기도 하고, 호랑이나 사자보다 더 무서워지기도 하는 것이다.

부처님도 당시 인도 종교와 철학계에 만연되어 있던 업설을 받아들였다. 불교 업설이 당시 외도와 다른 점이 있다면 '노력 정진은 의지의 자유를 인정하지만, 행위의 결과는 그 사람이 받지 않으면 안 된다.'고 생각한 점이라고 할 수 있다. 즉 우리 행동들은 숙명적인 것이 아니라 자신의 의지에 따라 순간순간 행복과 불행을 선택할 수 있다는 것이다.

 자신의 칼로 행복을 만들 수도, 불행을 만들 수도 있다. 행복과 불행은 자기 자신의 책임에 의해 결정되고, 업을 제어할 수 있는 능력 역시 바로 자신이 가지고 있다. 그러니 그대가 가진 칼을 활인검으로 쓸 것인지, 살인도로 사용할 것인지는 바로 그대의 선택이다.

---

- 지공 스님은 인도 마갈타국(磨竭提國, Māgadhā) 왕자 출신으로, 선종 법맥 108대 조사이다. 그는 당시 중국으로 건너왔고, 충숙왕(忠肅王) 때에 고려를 다녀간 적도 있다.

# 겉보리 서 말만 있어도
# 말사 주지가 되지 마라

일본의 선종 종파 가운데 큰 일파를 이루는 조동종은 도겐에 의해 개산되었다. 13세기 중반, 도겐이 선풍을 떨치던 무렵 일본 막부의 최고 실력자였던 호조 도키요리[北條時賴]는 선사를 매우 존경하였다. 도키요리는 영평사永平寺에 상주하고 있는 도겐에게 가마쿠라[鎌倉]에 와서 설법해 줄 것을 요청했다. 선사는 그의 성의에 마지못해 가마쿠라로 가서 선을 설해 주었다. 도키요리는 건장사建長寺라는 절을 지어 선사에게 그곳에 머물러 줄 것을 요청했지만 도겐은 청을 거절하고 당신이 머물고 있던 영평사로 돌아가겠다고 하였다.

그리고 도키요리가 '영평사에 땅 2천 평을 보시하고 싶다.'고 하자 선사는 단호히 거절하고 사찰로 돌아왔다. 그런데 도겐과 동행했던 제자 겐묘[玄明]가 땅 문서를 대신 받아왔다. 사찰로 돌아와 겐묘가 선사에게 땅 문서를 건네자 선사는 땅문서를 바닥에 내동댕이치면서 말했다.

"이렇게 재물을 받는 것은 수행자로서 청정한 모습이 아니다. 수행자는 결코 명리名利를 탐해서는 안 된다. 불교를 망하게 하는 원인은 외도가 아니라 바로 자네 같은 사람이다. 그대는 사자의 몸속에 있는 벌레와 같다. 그대 마음에 한번 물들어 버린 명리의 더러움은 마치 국 속에 들어간 기름처럼 제거될 수 없다. 그렇게 땅에 욕심이 나면 자네가 가지고 가라. 나는 그대 같은 사람과 함께 머물 수 없다."

도겐은 제자를 산문 밖으로 쫓아내고, 제자가 좌선하던 자리의 흙을 7척이나 파내었다.

또 한 분의 청정 승려가 있다. 소납이 존경하는 선사 가운데 한 분인 일본의 하쿠인白隱, 1685~1768이다. 하쿠인은 무심한 도인으로 널리 알려진 분이다. 하쿠인이 어느 작은 암자의 주지로 있을 때, 가끔 본사로부터 부당한 일을 겪었다. 그때마다 무심히 넘기곤 하였는데 한번은 달랐다. 본사에서 개인 의사는 묻지도 않고, '하쿠인을 대법회 법사로 임명한다.'는 공문서를 보낸 것이다. 하쿠인은 제자들에게 이렇게 말했다.

"진리에 관한 일은 절의 크기와 상관없다. 불법을 설하는 일에 '명한다'라는 일은 있을 수 없다."

결국 하쿠인은 초청을 거절했고, 대법회 법사로 참석하지 않았다. 그리고 제자들에게 이런 말을 남겼다.

"그대들은 겉보리 서 말만 있어도 말사 주지가 되지 마라."

도겐과 하쿠인은 재물과 명예를 탐하지 않은, 지극히 평범한 출가 수행자이다. 왜 이런 지극히 당연한 수행자가 오늘날 청정 승려로 귀감이 될까? 한마디로 대답하자면, 현재 승려들의 삶이 그렇지 못하기 때문이다. 『사십이장경』에 이런 내용이 있다.

사문이 되어 수행코자 하는 사람은 세속의 모든 재물을 버리고 남에게 빌어 얻는 것으로서 만족해야 한다. 하루 한 끼 식사하고, 나무 밑에서 하룻밤을 자되 절대 두 밤을 머물지 마라. 애착과 탐욕은 마음을 어리석게 만들고 수행을 방해하는 가장 큰 요인이기 때문이다.

먹는 것이나 자는 것, 입는 것은 누구에게나 삶을 영위하는 필수 조건이지만 수행자는 최소한의 의식주로 살아갈 것을 강조하는 것이다. 부처님도 평생을 맨발로 유행하시며 걸식하셨다. 안거 이외에는 나무 밑이나 동굴 등에서 잠을 잤다. 옷은 분소의라 하여 남들이 입다 버려 다 떨어진 옷을 입으셨다. 그 이상을 추구함은 명예나 집착 등과 같은 탐욕심이 생기기 때문이다.

이렇게 부처님께서 강조한 '집착하지 않는 무소유'란 바로 승려의 계율이다. 그러나 현재 한국에서는 초기불교 수행자들처럼 아무것도 소유하지 않고 살아갈 수 없다. 종교도 시대와 문화, 또 그 나라 풍토와 맞아야 종교로서 역할을 할 수 있기 때문이다.

세상살이는 점점 편리해지고 있다. 물질이 풍요롭다 보니 사찰이 비대해짐이요, 도량이 점점 커질수록 수행자가 명예를 추구하는 성향도 함께 비례하고 있다. 하지만 부처님께서 수행 요건으로 강조한 무소유 정신까지 망각해서는 안 될 것이다. 그 옛날 어른들은 춥고 배고파야 공부할 마음을 낸다고 하였다. 그만큼 물질적 풍요는 수행의 빈약함을 불러옴이요, 육체적인 고통은 정신의 풍요를 가져온다.

# 탐욕 절제와
# 인생 회향

강의할 때나 법문을 하면서 탐·진·치 3독을 언급할 때는 속으로 뜨끔할 때가 있다. 그래서 경전이나 어록을 읽다가 탐욕에 대한 내용을 만나면 법경에 비추어 스스로에게 물어본다.

마케도니아의 알렉산더는 천하를 정복할 당시, 아테네에 이르렀다. 모든 사람이 정복자 알렉산더에게 무릎을 꿇었으나 철학자 디오게네스는 알렉산더를 찾아오지 않았다. 결국 알렉산더는 직접 그를 찾아 나섰는데, 가서 보니 한 늙은이가 몸에는 누더기를 걸치고, 머리는 언제 빗질을 했는지 산발한 채 나무통 옆에 앉아 햇

볕을 쬐고 있었다. 알렉산더가 디오게네스를 쳐다보았으나, 철학자는 거들떠보지도 않았다. 둘 사이에 한동안 침묵이 흘렀고, 디오게네스가 물었다.
"폐하께서는 지금 무엇을 가장 바라십니까?"
"그리스를 정복하길 바라네."
"그리스를 정복하고 난 다음에는 또 무엇을 원하십니까?"
"아마도 소아시아 지역을 정복하길 바라겠지."
"그 다음은 또 무엇을 원하십니까?"
"아마도 온 세상을 정복하길 바라겠지."
"그러면 그 다음은 또 무엇을 원하십니까?"
"그렇게 하고 나면, 아마 그때쯤이면 쉬면서 인생을 즐기겠지."
"이상하군요. 왜 지금 당장은 쉬지 못합니까? 인생은 짧고 세상은 넓습니다. 당신은 곧 이 말을 실감하게 될 겁니다."

절학자의 이 말을 가슴 깊이 실감한다. 소납이 대학 학부부터 시작해 현 강사 생활까지 강산이 2번 변하는 동안 한곳에 안주해 있다 보니, 주변 사람들과 오랜 시간을 함께하고 있다. 그중 어느 교수님은 정교수가 되기 이전, 교수가 되려고 안쓰러울 정도로 고군분투하셨다. 발품을 참 많이 팔고 다닌다는 생각이 들 정도였다. 그런데 20년이 흐른 지금, 그 교수님은 더 이상 학자의 모습이 아니다. 수년 전부터 학자의 길이 아닌 끊임없는 보직의 길을 걷고 있고, 교단에 서 있기보다는 외부로 다니면서 새로운 명예직을 계속 추구하고 있다. 이분처럼 우리나라는 전반적으로 교수직과 정치를 함께 하려는 이들이 많아 학생들의 지탄을 받고 있는 것이 현실이다.

중생들은 알렉산더처럼 죽음이 다가오는지도 모르고 야금야금 탐욕의 과일을 키워 가다가 도살장 끌려가듯 죽음이라는 사형장으로 불려 간다. 부처님께서 고구苦口 정녕丁寧 말씀하신 법문이 3독이요, 이로 인해 받는 과보를 경전 곳곳마다 설하고 있다. 소납이 지천명知天命을 넘어 보니 인간의 과대한 욕심이 후에 얼마나 초라한 삶을 초래하는지 풍경화처럼 그림으로 그려졌다.

경전이나 어록에 언급된 탐욕은 단순히 물질만을 말하는 것이 아니다. 욕심 가운데 명예욕이 가장 큰 화를 자초하는 것이라고 생각된다. 어느 큰스님도 법문에서 '사람들에게 가장 무서운 욕심은 명예욕이요, 이는 출가자도 마찬가지다.'라고 하셨다. 그 나이와 직분에서 누리는 명예가 아니라 욕력오중배欲力五重倍라고, 탐욕으로 명예를 꿰차려고 하니 몇 배의 힘이 필요한 것이다. 게다가 명예를 유지하기 위해 초라한 인간의 근성을 그대로 드러낸다.

나이가 들수록 건강은 따라주지 않고, 현실 감각도 점점 무뎌진다. 그래서 하고 있는 일이나 사람 인연을 하나씩 줄여가야 하건만, 명예욕은 오히려 풍선처럼 점점 커진다. 이렇게 우리는 끊임없이 무언가를 추구한다. 그 추구하는 것을 선업이냐 악업이냐 잘 선택해 지어야 인생 마무리를 잘했는지 못했는지 판가름할 수 있을 것이다.

# 추우면 추운 대로
# 더우면 더운 대로

선종의 초조 달마 선사는 진리에 들어가는 길로 네 가지 수행법 [四行]*을 제시하였다. 이 가운데 세 번째가 무소구행無所求行이다. 이 진리는 수행 방법이 아닌 삶의 진실을 담고 있어 소납의 법문 단골 소재이기도 하다.

세상 사람들이 처처處處에 욕심 부리는 것을 구求라고 한다. 지혜로운 사람은 참됨을 깨닫고, 진리로서 세속적인 것을 멀리 하고, 마음을 무위無爲에 두며, 몸을 흐름에 맡긴다. 만유萬有는 공空이니, 구하는 것이 없는 것이 낙樂이다. …… 공덕천功德天과

흑암녀黑暗女가 붙어 다니며 서로를 따른다. 3계에 오래 머물러 있는데, 이곳은 마치 불난 집과 같다. 육신 자체가 고통이거늘 누가 이곳에서 편할 수 있으랴. 그러니 모든 것에 생각을 쉬고 구하지 마라. 경전에 '구함이 있으면 고통이요, 구함이 없으면 낙'이라고 하였다. 구함이 없는 것이 바로 도를 실천하는 길임을 분명히 알지니라.

여기서 말하는 '구함'은 바로 과도한 집착심을 말한다. 집착하지 말라는 것은 공사상, 반야사상이 담겨 있는 대승심을 의미한다. 그래서 달마와 양 무제武帝, 464~549가 대화를 할 때, 양 무제가 한 '자신은 공덕을 많이 지었는데, 어떤 과보가 있느냐?'는 질문에 달마는 '관념을 두고 보시하거나 과보 받을 것에 집착한다면 공덕이 하나도 없다.'고 한 것이다.

이 사상을 단적으로 잘 표현해 놓은 것이 『금강경』에서 말하는 '무주상'이다. 즉 집착이나 관념, 분별심[住相]을 갖지 말고, 6바라밀을 실천하라는 것이다. 『금강경』에서는 바라는 것 없이 보시하라는 무주상보시無住相布施만을 언급하고 있지만, 무주상지계無住相持戒·무주상인욕無住相忍辱 등 6바라밀을 모두 함축하고 있다.

무주상정진無住相精進으로 보자. 정진하면서 번뇌를 떨쳐야 한다는 생각도 갖지 말고, 반드시 해탈해야 한다는 강한 욕망까지 쉬어야 하는 법이다. '구심헐즉무사求心歇卽無事'라고, 구하려는 마음을 쉬는 것이 곧 일이 없는 것이다. 구하려고 하면 할수록 점점 더 멀어지는 법이다. 번뇌를 배척하거나 해탈 추구도 없는 무심無心을 말한다. 『유마경』에서는 '법을 구하는 사람은 일체법에 무언가 구하지 말라.'라고 하였고, 임제는 '구하는 마음이 없는 것이 무사無事'라고 하였다. 우리 인생살이도 마찬가지이다. 세상에 벌어지는 일들을 있는 그대로 받아들이는 것이 무구無求요, 무주無住요, 무심이다. 삶에서 벌어지는 그대로 느끼고 받아들이되 그것에 집착하지 않는 것이다. 추우면 추운 대로, 더우면 더운 대로 받아들이는 것이다.

어찌 삶이 내 마음대로 되겠는가? 내가 원치 않는 사람과도 만나야 하는 법이요, 벌어지는 일 또한 내가 원치 않는 방향으로만 나가려고 한다. 만나게 되는 인연에 거부해 봐야 자신만 고달픈 것이요, 벌어지는 일에 반항해 봐야 자신만 힘겨운 법이다. 그러니 삶을 있는 그대로 받아들이고, 스스로의 마음에 역심逆心, Against the Stream을 품지 않아야 한다. 바로 이것이 달마가 말한 무소구행이라고 본다.

명나라 말기 유학자 육상객陸湘客도 이런 말을 하였다.

"초연한 마음가짐을 유지하고, 사람을 대함에도 초연하며 …… 성공했을 때는 담담하고, 실패할지라도 태연하라[自處超然 處人超然 …… 得意澹然 失意泰然]."

가을 하늘을 우러르며 차를 마시다 문득 느꼈다. 그 어떤 것이든 갈구하지 않는 것, 무심함을 유지하려는 것만으로도 수행자로서 최상의 삶이라고. 어리석은 소납이 여기까지 사유가 미친 것도 세월이 준 인생의 교훈이요, 부처님의 가피다.

　삶과 수행은 별개가 아니다. 삶 속에 움직이는 그 하나하나의 행동이 바로 수행이었던 것이다. '한 걸음 한 걸음이 도량[步步是道場]'이라고, 우리들의 삶 자체가 수행이며, 우리는 진리 안에 살고 있다. 그러니 무소구행이라고 해서 가진 것을 버린다거나 욕심내지 않는 것이 아니다. 주어진 삶의 그 순간에 있는 그대로 순응하라.

---

- 달마는 『이입사행론(二入四行論)』에서 대승에 뜻을 두고 도에 들어가기 위한 요문(要門)으로 4행(四行)을 제시하였다. 즉 보원행(報冤行)·수연행(隨緣行)·무소구행(無所求行)·칭법행(稱法行)이다.

# 불법은 밥 먹고
# 차 마시는 데 있다

옛 선사들은 조용한 산사에서만 수행하지 않고 시끄러운 시장 바닥에서도 수행하였다. 깨달음을 구하는 데 있어 조용하고 한적한 곳에 도가 있는 것이 아니라, 인간 냄새 풍기는 삶의 터전에 도가 있다는 뜻이다.

틱낫한 스님은 시를 쓰거나 글을 쓰는 문인이기도 하다. 어느 날, 서양 학자와 대화를 하던 중에 그가 스님께 이런 말을 하였다.
"스님께서는 아름다운 문장을 잘 지으시지요. 그런데 제가 며칠 간 스님의 일상을 살펴보니, 밭에 나가 채소를 키우는 일에 많은 시간을 보내더군요. 그런 시간을 줄이고, 글 쓰는 일에 시간을 할애한다면 더 좋을 듯합니다."

"내가 밭에 나가 채소 키우는 일을 하지 않는다면 나는 시를 쓰거나 문장을 짓지 못할 것입니다. 깨달음이란 설거지를 하거나 채소를 기르는 일과 다르지 않습니다. 삶의 순간순간을 자각하고 몰두하며 살아가는 방법을 익히는 것은 곧 깨달음을 얻기 위한 수행입니다. 우리는 삶의 모든 순간에 최선을 다해 살아가야 합니다."

바로 스님의 이런 점을 들어 '삶이 곧 수행'이라고 말할 수 있을 것이다. 일상의 삶 속에서 수행한다는 것은 조사선祖師禪 사상의 한 특징이다. 조사선은 인도 선에 중국 문화와 종교가 결합되어 중국적인 모양으로 변이된 것인데, 살아 있는 조사祖師로서 생활 속에서 수행하는 것이다.

선사들의 수행 경지를 주고받는 선문답禪問答에는 차·쌀·소금·간장·만두 등 사람들에게 없어서는 안 될 물품들이 등장한다. 앙산 혜적仰山慧寂, 807~883은 승려가 찾아오면 어디서 왔냐고 물은 뒤, '그 지역의 쌀값은 얼마인가?'라고 되묻기도 하였고, 청원 행사青原行思, ?~740도 제자에게 '노릉의 쌀값은 얼마냐?'고 물었다. 방거사는 오도송에서 "신통神通 묘용妙用 물 긷고 땔나무 줍는 일이로다."라고 하였다. 그만큼 깨달음도 일상을 떠나서 달리 구할 수 있는 것이 아님을 시사하는 것이다. 훗날 이렇게 인간과 인간의 대화를 기록한 선문답이 곧 '어록'으로 엮어졌다.

보조국사 지눌知訥, 1158~1210은 '불법은 차 마시고 밥 먹는 곳에 있다.'고 하셨다. 이를 '다반사茶飯事'라고 하는데, 원래 밥 먹고 차 마시는 것처럼, 일상적인 삶에서 도를 이룰 수 있다는 뜻이다. 이 단어는 선에서 유래되어 세간에 널리 통용되고 있다.

『유마경』에도 '직심이 바로 도량[直心是道場]'이라는 말이 있다. 광엄 동자가 바이샬리 성문을 나가려고 하는데, 마침 그곳으로부터 들어오는 유마 거사를 만났다. 동자가 유마에게 '도량을 찾아 성문을 나가려고 한다.'고 하자, 유마 거사는 '자신은 지금 도량으로부터 오는 것'이라고 하면서 마음이 곧 도량이라고 설해 준다.

현재 머물고 있는 그 자리에서 마음을 고요히 다스릴 수 있다면 머문 그 자리가 깨달음을 구하는 도량인 것이다. 그러니 굳이 고요한 숲속에 머물러야만 도를 구할 수 있는 것이 아니며, 모든 것이 갖춰진 장소에서만 도를 찾을 수 있는 것도 아니다. 자신이 머무는 일상의 장소에서, 일상적인 자신의 행行 하나하나를 참된 마음으로 수행할 때, 바로 그 마음이 도량이다. 인간의 행주좌와行住坐臥 일체 동작이 법계法界가 되며, 신·구·의 3업이 부처의 행이다. 곧 행위 하나하나 그 자체가 부처의 행이라는 '행즉불行卽佛'이라고 볼 수 있다.

신을 섬기는 유대교에서도 "우리 인생의 모든 행위가 다 성스러운 것이다. 먹고, 마시고, 숨쉬고, 즐기고, 누군가를 만나는 게 다 하느님을 공경하는 방법이고, 하느님이 우리에게 맡기신 삶을 영광스럽게 만드는 방법이다."라고 하였다. 승려가 깨달음을 구하거나 사람들이 행복을 추구하는 데 있어 일상을 떠나 이상을 추구할 수는 없다.

바로 지금 여기, 서 있는 그 일상에서 수행은 완성되는 것이다.

# 군자와
# 소인배

현재 우리나라 스님들이 수행하는 간화선은 송대 대혜 종고大慧宗杲, 1089~1163에 의해 정립된 선이다. 당시 종고는 참선하는 수행법을 비판하였는데, 비판 대상은 조동종의 굉지 정각宏智正覺, 1091~1157과 진헐 청료였다. 종고는 이들의 선을 삿된 선이라고 비판하며 첨예하게 대립했는데, 이를 묵조·간화의 대논쟁이라고 한다.

그 논쟁의 원인으로 종고가 살았던 당시의 시대적인 상황도 배제할 수는 없다. 종고는 나라가 어려울 때 조동종 계열 스님들이 침묵하고 있던 점에 반감을 가지게 되었다. 그리고 형식적인 선정과 의식에 집중하는 조동선풍을 다만 앉아 있는 고목무심枯木無心의 묵

조사선黙照邪禪이라고 비판하였다. 본래의 성품, 즉 일체중생이 본래 부처라는 사실을 제대로 인식하지 못하고 단지 안일함에 안주해 있는 승려들에 대한 비판이다. 이에 정각은 '결코 대혜의 간화선이 제일의선第一義禪은 아니다.'라고 응수하고 나섰다.

그럼에도 불구하고 종고와 정각, 두 스님의 인연은 표면적인 것과는 다르게 매우 각별했다. 종고가 15년간의 유배 생활을 마칠 무렵, 정각은 조정에 상소를 올려 아육왕산 광리사 주지로 종고를 추천하였다. 종고가 유배 생활을 마치고 그해 명주의 보은 광요선사에서 공식적인 개당설법을 할 때, 증명법사로 정각이 참석하였다.

또한 정각은 종고가 유배지에서 사찰로 돌아오면 수많은 대중이 상주할 것을 예상하고, 소임자에게 '한 해 예산을 서둘러 준비하고, 창고의 물품이나 쌀을 비축해 두라.'고 분부하였다. 1년이 지나 종고가 주석하고 있던 도량에서 쌀이 부족하다고 하자 정각은 비축해 두었던 식량을 종고에게 보내 주었다. 종고는 정각을 찾아가 감사 인사를 하며 말했다.

"고불古佛이 아니라면 어떻게 이와 같은 역량이 있겠습니까?"

그리고 훗날 종고가 정각에게 다시 말했다.

"이제 우리 모두 늙었소. 그대가 부르면 내가 대답하고, 내가 부르면 그대가 대답하다가 누군가 먼저 죽는다면 남아 있는 사람이 장례를 치러 주도록 합시다."

몇 년 후 정각이 천동산에서 열반에 들기 전날, 종고에게 유서를 보냈는데 종고는 그날 밤 천동산에 도착해 정각의 장례식을 주관하였다.

이 이야기는 『인천보감人天寶鑑』에 전하는 내용이다. 나와 뜻이 다른 상대를 끌어안는다는 것은 쉽지 않은 일이다. 자신을 중심으로 주변 사람들과 함께 구축한 그 신념을 접어 두고 상대편 사람을 존중해 주는 일이 어찌 말만큼 쉽겠는가?

대혜 종고 시대 바로 이전에 황룡파 선사들을 의지해 참선한 재가자가 많았는데, 왕안석王安石, 1021~1086도 그중 한 사람이다. 왕안석은 북송北宋 신종 때 재상으로서 나라의 부국강병을 위해 신법新法을 실시했으나 급진적인 정책으로 인해 실패하였다. 왕안석의 신법은 이민족과의 전쟁 등으로 피폐해진 국가 재정난을 극복하고, 대지주와 대상인의 횡포로부터 농민과 중소 상인들을 보호, 육성해 부국강병을 이루려는 데 목적을 두고 있었다. 이때 왕안석의 정책을 반대했던 대표적인 인물이 구법당舊法黨의 사마광司馬光, 1019~1086이다.

그런데 이 두 사람은 상대가 어려울 때나 곤란에 처했을 때 이를 빌미로 공격하거나 모함하지 않았다. 이들은 정정당당하게 군자로서 대결하였으며 자신의 이익을 위해 상대의 인격을 해치지 않았다. 이후 왕안석이 먼저 죽었을 때도 사마광은 병이 위중한 상태인데도 불구하고 왕안석의 죽음을 비통해 하며 후하게 장례를 치를 수 있도록 베풀었다고 한다.

또한 왕안석은 구법당에 속해 있던 소동파와도 인연이 돈독하였다. 말년에 동파가 왕안석이 사는 마을에 온다고 하자, 왕안석은 친히 마중을 나갔으며 동파와 여러 날을 함께 지내었다. 또 동파에게 한 마을에 살자고 권유하는 편지를 보내기도 하고, 동파의 시 구절에 찬탄을 보내기도 하였다.

 종고와 정각은 수행 면에 있어 차이는 있을지언정 서로의 법력을 인정해 주었고, 왕안석과 사마광도 정치적 신념으로 대립하였지만 군자다운 도량으로 서로를 사모했다. 인간의 삶이 하룻밤 이슬과 같거늘 서로 반목反目한들 무엇하랴. 이 글을 읽는 그대는 군자인가? 소인배인가?

제4부

겨울바람 속에
봄바람이 담겨 있다
―

# 그대는
# 어디 있는가?

　베트남의 틱낫한 스님은 전 세계적인 명상 지도자로 알려져 있다. 한국에도 수차례 방문하셨는데, 소납은 예전부터 스님의 명상 지도법이나 프랑스 플럼 빌리지 명상센터 시스템에 관심을 갖고 있었다. 스님은 북방불교 임제종 법맥의 선사이지만, 전 세계 사람들에게 남방불교 위빠사나로 명상을 지도하고 있다. 그래서인지 스님의 현 지도법은 북방불교의 선 사상과 유사한 부분이 많다. 스님께서 젊은 시절 북방불교의 선을 하였기 때문에 위빠사나와 접목해 대중들에게 쉬운 명상법을 보급시키는 것으로 생각된다.
　현재 틱낫한 스님의 도량인 플럼 빌리지에서는 15분마다 종이 울린다. 종소리가 울리면 도량에 머물고 있는 사부대중은 잠시 하던 일을 멈추고 머무는 그 순간에 집중한다. 사띠를 잊었거나 여일하지 못한 것에 대한 자각의 효과라고 볼 수 있다. 이런 점은 북방불교 선사들의 제자 교육법과 유사하다.

수행자들이 애독하는 어록 가운데 황벽 희운의 『전심법요』가 있다. 이 어록은 당나라 때 재상이었던 배휴裵休, 797~870가 아침저녁으로 황벽의 가르침을 받아 기록한 것인데, 그가 없었다면 이 어록은 세상에 빛을 보지 못했을 것이다.•

황벽과 배휴의 첫 만남은 매우 드라마틱하다. 황벽이 대중을 떠나 이름을 감추고 대안정사에서 허드렛일을 하며 지낼 때이다. 마침 배휴가 와서 불전에 참배하고 벽화를 감상하고 있었다. 벽화를 보던 배휴가 주지에게 물었다.

"저 그림은 누구의 초상입니까?"

"고승의 초상입니다."

"영정은 여기 있지만, 고승은 어디에 있습니까?"

주지가 아무 말도 못하자, 배휴는 '이 절에 참선하는 사람이 없느냐.'고 물었다.

"요즘 어느 객승이 머물며 허드렛일을 하고 있는데, 그가 참선하는 스님인 것 같습니다."

곧 황벽이 도착하자, 배휴가 물었다.

"제가 아까 스님들께 '영정은 여기 있는데, 고승은 어디 있습니까?'라고 질문했는데, 아무도 대답하지 못하더군요. 스님께서 한 말씀 해 주시지요?"

"배휴!"

황벽의 큰 일갈에 배휴가 놀라 얼떨결에 황벽을 쳐다보았다.

"그대는 어디 있는가?"

배휴가 '자신이 현재 서 있는 곳을 모른다'고 생각해서 황벽이 소리쳐 불렀을까? 실은 황벽의 스승인 백장도 이 방편을 자주 활용하였다. 설법이 끝나고 대중들이 법당 밖으로 나가려고 뒤돌아섰을 때, 백장은 그들을 향해 '이보게.'라고 큰 소리로 불렀다.

대중들이 얼떨결에 고개를 돌리면, 백장은 이렇게 말했다.

"이것이 무엇인고[是甚麽]?"

선종사에서는 이것을 '백장하당구百丈下堂句'라고 한다. 백장이 제자들 스스로 불성을 지닌 존재라는 것을 염념念念에 잊지 않고 자각시키고자 했던 교육 방편이라고 볼 수 있다. 또 거슬러 올라가면, 백장의 스승인 마조도 이 방법을 활용하였다.

마조 문하에는 강사 출신들이 사교입선捨敎入禪한 경우가 많았다. 특히 마조는 강사들과 선문답을 할 때, 이 방법을 활용하였다. 사교입선한 대표적인 제자가 양좌주亮座主인데, 마조와 양좌주가 대화를 하는 와중에 양좌주가 마조의 질문을 이해할 수 없다고 판단하고 나가려는 순간, 갑자기 마조가 "좌주!" 하고 소리쳐 부른 예가 바로 그것이다.

틱낫한 스님의 종소리는 사람들이 자신 내면의 소리를 자각하며 화두나 사띠가 여일할 것을 경계하게 하기 위해 활용하는 것이다. 또한 황벽과 배휴의 일화에서는 황벽이 배휴가 물은 고승의 초상이 누구인지를 아는 것이 중요한 것이 아니라, 현재 그 고승을 보고 있는 자신의 존재 자각이 더 중요한 것임을 경책한다. 물론 마조와 백장이 제자들이 방심하고 있는 틈을 타 충격요법으로 이름을 부른 것도 유사한 예라고 볼 수 있다.

"그대! 지금, 이 글을 읽고 있는 자는 누구인가?"

---

- 배휴가 종릉(鐘陵)과 완릉(宛陵) 지역의 관찰사로 재임할 때, 황벽의 명성을 듣고 황벽을 관사인 용흥사(龍興寺)와 개원사(開元寺)로 모셔서 아침저녁으로 도를 묻고 가르침을 받았다. 배휴가 황벽에게 가르침을 받은 뒤 기록한 것이 바로 『전심법요』와 『완릉록』이다. 배휴는 처음 규봉 종밀에게 가르침을 받았지만 '나(배휴)는 규봉 종밀을 선(禪)과 교(敎)를 해박하게 통달한 분으로 존경했었지만, 황벽에게 귀의한 것과는 감히 비교가 되지 않는다.'고 표현할 만큼 황벽을 존경하였다.

# 아름다운
# 인생 마무리

 운서 주굉의 『죽창수필』을 보면 명나라 때 주무정朱懋正이라는 사람이 그의 증조부인 학유學諭 공에 대해 한 이야기를 듣고 남긴 글이 있다.
 주무정의 증조부 학유 공은 나이가 들자, 벼슬을 내려놓고 시골로 돌아와 평생 모은 월급으로 깊은 산속에 오두막집을 지었다. 그는 오직 독서하고 명상을 하며 사람들을 만나지 않아서 자식이나 친척들은 물론, 고을의 원님조차 그를 만나기 힘들었다. 오직 한 명의 벗이 있어 오후 3시에 함께 바둑을 두고, 술 몇 잔 마시며, 문장을 짓거나 소리 내어 글 읽는 일이 전부였다.

그렇게 조용한 곳에서 홀로 지내던 학유 공은 89세에 실수로 넘어진 뒤 일어나지 못했다. 그는 임종을 앞두고, 붓을 들어 자식들에게 '오직 도의道義로써 세상을 살아가라.'고 당부했다. 이어서 벼슬이 진사로 과거에 급제해 처음으로 그 마을을 다스리고 있었던 손자에게 마지막으로 "관리로 살면서 끝까지 청렴하고 절개를 지켜야 한다."는 부탁을 하고, 이 말을 끝으로 영원히 세상을 하직했다고 한다.

학유 공의 아름다운 인생 마무리를 보며, 마음이 숙연해졌다. 고대 인도에서는 인생을 4주기로 나누었다. 즉 학습기 · 가주기 · 임서기 · 유행기이다. 20세까지 공부를 하고[學習期], 20세 이후 가정을 꾸리고 생활한 뒤[家住期], 50세가 넘으면 숲에 들어가 명상을 하고[林棲期], 나이가 더 들면 깊은 숲속에 들어가 생을 마감하는 것[遊行期]이다. 소납이 가장 공감되는 주기는 임서기와 유행기이다. 인생의 마지막 마무리를 자신을 성찰하는 시간으로 활용코자 하는 마음가짐이 고귀하게 보인다.

인생 회향을 멋지게 하려는 분들이 많다. 근래는 타 종단이나 대학, 비구니회와의 관계, 본사 주지 임명 문제 등 하루도 그치지 않는 승가의 일그러진 모습에 승려로서 최선의 삶이 무엇인지를 반조해 본다. 중국에서 『고승전』을 최초로 편찬한 혜교慧皎, 497~554는 서문에 이렇게 언급하였다.

참되게 행동하면서도 겉으로 드러나는 빛을 감추는 사람은 고매하지만 유명하지 않다. 덕은 적으면서 시류에 맞춰 사는 사람은 유명하지만 고매하지 않다.

혜교는 고승高僧과 명승名僧을 구별하면서 '명성은 있어도 덕행이 부족한 스승'은 『고승전』에 전기를 싣지 않았다고 한다. 인생 회향을 준비해야 할 고령의 승려가 소임을 볼 때 물 흐르듯 원만치 못하다면 '내 덕의 부재'라고 생각하고, 미련 없이 내려놓는 것도 승려로서 아름다운 회향이 아닐까? 바로 이것이 연기설의 진리요, 『금강경』에서 말하는 무집착이다. 젊었을 때는 명승으로 살았을지라도 말년에는 고승으로 남기 위해 마무리를 잘하는 것도 지혜라고 본다. 서산 대사의 선시 가운데 이런 내용이 있다.

눈 내린 들길을 걸을 때, 갈팡질팡 걷지 마라.
그대 걷는 발자국이 후세인들의 이정표가 될 것이니.
[踏雪野中去 不須胡亂行 今日我行跡 遂作後人程]

자신의 현 모습은 그림자처럼 그대로 다른 이들에게 이정표가 된다. 승속을 떠나서 어느 누구에게나 삶의 마무리는 중요하다고 본다. 그대는 고승으로 남고 싶은가? 명승으로 남고 싶은가?

# 오랑캐와
# 부처

  6조 혜능은 옛날부터 유배지로 유명한 영남현 광동성(廣東省) 신주新州 사람이다. 혜능의 속성은 노盧씨로, 권세 있는 집안의 후예라는 등 여러 이설이 있다. 하지만 속세의 혜능은 홀어머니를 모시고 땔나무를 팔아 근근이 생계를 이어가는 나무꾼이었다.

  어느 날 그가 나무를 해 집으로 돌아가는 중에 잠깐 쉬어 가기 위해 주막집에 들어갔다가, 방에서 한 승려가 『금강경』 읽는 소리를 들었다. 마침 그때 승려가 '응무소주 이생기심應無所住 而生其心, 응당히 주하는 바 없이 그 마음을 내라' 구절을 읽는 소리를 듣고, 혜능은 출가를 결심했다. 혜능은 홀어머니를 어느 스님께 부탁하고, 당시 유명한 호북성 황매에 사는 5조 홍인五祖弘忍, 601~674 선사를 찾아갔다.

혜능이 홍인에게 인사를 올리자, 홍인이 물었다.

"너는 어디에서 왔느냐? 무엇을 구하고자 하느냐?"

"저는 영남의 신주라는 땅의 백성이온데, 멀리서 스승을 뵙고자 왔습니다. 오직 부처가 되기를 바랄 뿐이지, 다른 것을 구하려는 뜻은 없습니다."

"네가 살던 영남은 예전부터 오랑캐 땅으로, 너는 오랑캐에 불과하거늘 어찌 하천한 신분으로 부처가 될 수 있겠는가?"

"사람에게는 비록 남과 북이 있을지언정 불성佛性에 어찌 남북이 있겠습니까? 스승님과 오랑캐가 다르지 않은데, 어찌 불성에 차별이 있겠습니까?"

아마도 혜능의 고향 영남이 당나라 때는 한족 영입권에 들지 않았던 것으로 추측할 수 있다.˙ 홍인이 혜능에게 말한 '오랑캐'라는 말은 한문으로 하면 갈료獦獠이다. '獦獠'라는 한자에는 모두 개사슴록변[犭]이 붙어 있는데, 이는 야만인이나 하열한 사람을 지칭한다. 그 말에는 상대에 대한 경멸과 모멸감이 담겨 있다.

행자에 불과한 혜능이 오랑캐라고 언급하는 홍인 선사에게 당당히 맞서는 모습이 자랑스럽게 느껴진다. 불성에 남과 북이 없다고 말한 혜능의 답변은 사람이 태어난 장소는 구분할 수 있지만 모든 인간은 진여불성眞如佛性을 지니고 있음을 시사한다. 혜능이 언급한 불성은 참 마음을 가리키는 것으로, 누구에게나 구족되어 있는 청정한 본성이다. 혜능의 답변은 이후 선종의 중요한 주제가 되었으며 선사들의 문답에도 단골로 등장한다.

초기불교 승가에서는 승가의 구성원 모두가 평등하다고 율장에 엄격히 규정되어 있다. 그래서 비구가 되려는 사람은 출가할 때 가문이나 출신 등 모든 사회적 속성을 버려야 한다. 이 점은 대승불교에도 그대로 용해되었으며, 따라서 모든 사람을 평등하게 보았다. 『숫타니파타』에도 "인간은 태어나면서부터 비천한 사람이 되는 것이 아니며, 바라문이 되는 것도 아니다. 그 사람의 행위로 천한 사람도 되고, 행위로 바라문이 된다."라고 하였다. 즉 부처님께서 당시 카스트 제도를 부정하며 인간 평등을 주장한 이 사상이 불성 사상의 단초인 것이다. 인간은 겉으로 드러난 신분의 높고 낮음을 막론하고 누구나 고귀한 존재로서 마음 닦는 수행을 통해 불성을 발현하는 것이다.

이 '불성'이란 말은 대승 중기 경전인 『열반경』에 등장하는데 대승 초기 경전인 『유마경』이 여래종如來種, 『화엄경』이 성기性起 사상, 『법화경』의 수기授記 사상의 연장선상에서 발전된 것이다. 물론 불성이라는 용어보다는 '여래장'이란 말이 보편적이었는데, 중국에서 여래장보다 불성을 선호해 쓰다 보니 불성이란 말이 일반화되었다.

이 불성은 기독교인이든 이슬람교도이든 초로의 할머니이든 어린아이이든 동양인이든 서양인이든 어느 누구나 가지고 있다. 그러니 참 본성을 자각하는 수행은 승려와 불자만의 전유물이 아니다. 어느 누구라도 수행하면 깨달을 수 있음이요, 명상을 통해 인격을 완성할 수 있다. 바로 이 점이 '그대가 고귀하다.'는 것을 알려주고자 부처님께서 세상에 출현하신 일대사인연一大事因緣이다.

---

• 서남쪽의 중국 운남성(云南省)도 송나라 때에 중국으로 편입되었음을 볼 때, 현 중국의 서쪽과 남쪽 지역은 순수 한족이 아니었다.

# 겨울바람 속에
# 봄바람이 담겨 있다

"인생이란 무엇인가. 어차피 참고 걸어가는 먼 길이다. 좋은 일도, 어려운 일도 많은 길이다. 한 치 앞을 알 수 없는 기변성을 가진다. …… 나는 검찰에 몸담던 시절, 인생의 절정기에 있던 인사들을 수사하며 그들의 영욕을 지켜보았다. 잘나가던 사람이 한 발자국 더 나가겠다고 욕심을 부리다 나락으로 떨어지는 것을 목도했다. …… 그때 얻었다. 도전도 야망도 분수에 맞게 가져야 한다."

위 내용은 검찰총장을 역임했던 이가 한 말이다. 이 말을 들으면서 고개를 연신 끄덕였다. 그가 삶 속에서 느꼈던 점을 불교 진리와 견주어 보며, 생활 속에 불법이 담겨 있음을 새삼 깨닫는다.
『유마경』「불이법문품」에 이런 내용이 전한다.

> 해탈 열반을 좋아하고, 세간을 좋아하지 않는 것을 둘二이라고 한다.
> 반대로 해탈 열반도 좋아하지 않고, 세간 또한 싫어하지 않는 것을 불이不二라고 한다.
> 속박이 있다고 한다면 해탈을 열심히 구하겠지만, 속박이 없는데 무슨 해탈을 구할 것이 있겠는가.
> 속박도 없고 해탈도 없는 이에게는 정작 기뻐할 것도 없고, 슬퍼할 것도 없다.

이 경에서 언급한 불이 사상은 대승의 상징적인 진리요, 중도中道요, 공사상이다. 대승 경전에 언급된 진리나 선사의 말씀은 수행의 저 높은 경지를 표현한 것이 아니라 있는 그대로 삶의 표상이요, 인생에서 터득된 땀의 결실이다.

기쁨에는 슬픔이 전제되어 있는 것이요, 슬픔에도 기쁨이 전제되어 있다. 기쁨이든 슬픔이든 그 어느 것도 영원한 것이 없기 때문이다. 또한 명예로 이름이 오를 때도 언젠가는 추락할 것이라는 사실이 잠재되어 있다. 상대방이 나를 칭찬하면 언젠가는 비난도 있을 것임을 염두에 두어야 한다.

자연 현상으로 보아도 그러하다. 꽃이 피었을 때는 언젠가 그 꽃잎의 떨어짐을 함께 가지고 있으며, 사람이 태어났을 때도 생명이 길고 짧을 뿐, 동시에 죽음이 전제되어 있다. 또한 도자기가 만들어졌을 때도 언젠가 깨질 것이라는 잠재성을 가지고 있다. 영원한 것이 어디 있겠는가? 그러니 어떤 것에 집착할 것인가?

삶과 죽음, 즐거움과 고통, 밝음과 어두움, 생사와 열반 등은 모두 제각각인 것 같지만 결코 다르지 아니하다[不一不二]. 어떤 현상에 치우칠 필요도 없고, 그 어떤 것에 차별을 두지도 말며, 양쪽의 가치를 공정하게 보는 지혜가 필요하다고 본다.

보리 달마의 4행四行 법문 가운데 수연행을 떠올려 보라. 고통과 즐거움을 받는 것은 모두 인연에 따른 것이니, 인연이 다하면 사라지게 되어 있다. 그러니 어찌 기뻐할 것이 있겠는가? 반대로 어찌 슬퍼할 것이 있으랴?

좋고 나쁜 것도 다 인연에 따르며 마음에 증감增減이 없으니 기쁜 일에도 동요하지 마라. 그 반대로 슬픈 일에도 의기소침할 필요가 없나. 비틀스Beatles의 노래 가사처럼 '순리에 맡겨라let it be'. 그리고 그냥 흘러가는 대로 '내버려 두어라let it be'.

사람들은 오로지 자신만 특별히 고통을 겪는 것처럼 느끼고 타인의 행복과 비교해 상대적인 박탈감을 느낀다. 하지만 어느 누구나 영욕榮辱과 고락이 있는 법이요, 짊어진 삶의 무게는 같은 것이다. 그렇기 때문에 선사들은 수행자들에게 8풍에 동요되지 말라고 강조하였다.

자연 현상이든 사회적인 현상이든 그 어떤 것이든 간에 인연 되어 홀연히 생겨났다가 인연이 성글면 사라지게 되어 있다. 한 해가 시작되는 무렵에는 매서운 겨울바람이 불지만 그 바람 속에는 희망찬 봄바람이 내재되어 있다. 겨울바람에 힘겨워 말자.

# 사람들이 나를 비웃고
# 싫어하면 어찌할까요?

　한산寒山과 습득拾得*은 자세한 행적은 알려져 있지 않지만, 중국 당나라 때 생존했던 인물들이다. 그중 한산의 선시는 세상을 풍자하면서 교훈적인 까닭에 고금을 막론하고 널리 회자되고 있다. 한산은 해진 옷에 나막신을 신고 다녔으며, 천태산 국청사에서 대중들이 먹고 남은 밥과 나물을 습득에게 얻어먹었다. 그들의 기이한 언행을 이해하지 못한 사람들은 그를 멸시하고 천대했다. 오늘 한산의 선시를 읽으면서 마음이 숙연해졌다. 길어도 한산과 습득의 이야기를 옮겨 보기로 하겠다.

한산이 습득에게 물었다.

"세상 사람들이 나를 비방하고, 기만하고, 욕하고, 비웃고, 깔보고, 천시하고, 싫어하고, 속이니 어떻게 하면 좋을까요?"

"그냥 참고, 양보하고, 따르고, 피하고, 견디고, 공경하며, 괘념치 마라. 이렇게 몇 년이 지나 어떤지 한번 보아라."

한산이 또 물었다.

"혹 피할 수 있는 또 다른 방법은 없을까요?"

습득은 미륵보살의 게송으로 답하였다.

 이 못난 늙은것은 다 떨어진 옷을 입고
 그저 밥만으로도 배가 부르네.
 떨어진 것도 기우면 추위를 막기에 그만이며,
 모든 일에 연緣을 따를 뿐이라네.
 어떤 이가 늙은것을 욕하면 늙은것은 그냥 그렇다 하고,
 어떤 이가 늙은것을 때리면, 늙은것은 스스로 쓰러져 버리네.
 내 얼굴에 침 뱉어도 절로 마르도록 내버려 두니
 나도 기력을 아끼고 그도 번뇌가 없네.
 이와 같은 바라밀은 바로 오묘함 속의 보배이며
 이 소식을 안다면 어찌 도를 마치지 못할까 근심할 것이 있으랴.

습득이 답한 대로 누군가 자신을 욕하고 때리고 깔보고 함부로 대해도 참고 양보하고, 공경하는 것이 어찌 말만큼 쉽겠는가. 습

득은 한술 더 떠서 이렇게 말했다.

"누군가가 그대를 욕하든 깔보든 때리든 상대방을 내버려 두어라. 상대방의 행위에 응하지 않을 정도가 되면, 깨달음에 이른 것이다."

『사십이장경』 7장에도 습득이 말한 마지막 구절과 유사한 부처님의 말씀이 있다.

어떤 사람이 그대를 꾸짖고 욕설을 퍼붓는다. 가령 상대가 보석을 가지고 와서 그대에게 주었는데, 그대가 보석을 받지 않는다면 그 보석은 당연히 상대방의 것이다. 마치 그런 것처럼 상대방이 그대를 꾸짖고 욕하지만 그대가 꾸짖음과 욕설을 받지 않는다면, 욕설과 비방은 그대의 것이 아니라 상대방의 것이다.

한산의 시를 수년 전에 읽었을 때는 이론적이고 도덕적인 것으로만 이해하였다. 하시만 부처님을 위시해 성인의 말씀이 머리에서 나온 냉철한 이론이 아닌 수행의 경지에서 자연스럽게 흘러나온 말씀이라는 것을 내 가슴에 각인시킨다. 근래 들어 소납도 '나이 들었다.', '절집 장판 때가 묻었다.'는 생각이 들 만큼 아상과 아집의 탑이 점점 높아 가고 있다. 마침 이런 생각이 깊던 차에 《불교신문》에서 종정 스님의 인터뷰를 보았다.

화두를 잠시도 놓지 않고 의심하고 들면 마음의 공포, 허세, 시기, 탐욕 등 중생의 업이 녹아지고 저절로 하심下心이 된다.

  종정 스님 말씀에 사견을 조금 덧붙이면, 정진만 잘하면 자신 스스로에게서 일어난 망상, 허세, 상대방의 업신여김조차도 사라지는 것이거늘, 정작 정진은 멀리 소풍 보내고 머리로만 '하심'이니, '겸손'이니를 떠들어 대니 매일매일 업을 쌓아 윤회하는 것이요, 매년을 윤회하는 것이다.
  죽어야 윤회하는 것이 아니다. 살아서도 인격 완성이 되지 않고, 수행자로서 발심하지 못하면 매일 매년을 윤회하는 것이거늘 소납은 언제쯤이면 철이 들까?

---

- 한산과 습득, 그리고 그들의 스승인 풍간(豊干) 세 사람을 합쳐 3은(三隱), 또는 3성(三聖)이라고 한다. 한산이 지은 시는 314수이고 습득의 시는 57수이며 풍간의 시는 2수로 모두 373수가 전한다. 이들의 작품을 책으로 만든 사람은 여구윤(閭丘胤)으로 한산과 습득, 풍간의 행적을 조사한 후 숲속의 바위나 나무 벽에 적혀 있는 시들을 모아 엮었다.

# 꽃잎은 져도
# 꽃은 지지 않는다

작년 겨울 무렵, 어느 법조인이 퇴임식을 하는데, 퇴임사 마지막에 이런 말을 남겼다.

낙엽은 뿌리로 돌아간다. 낙엽은 지지만 낙엽 자체가 사라지는 것은 아니다.

텔레비전 뉴스에서 저 말을 듣는 순간, 놀라지 않을 수 없었다. "낙엽은 뿌리로 돌아간다[落葉歸根]."는 말은 6조 혜능 선사가 열반할 때 한 말인데, 일반인이 그 말을 했다는 사실에 의아했다. 소납은 정치에 관심이 없는 터라 그 법조인이 무슨 뜻으로 그런 말을 했는지에 대해서 의미를 부여하고 싶지는 않다. 어쨌든 그 내용을 『육조단경』에서 보기로 하자.

> 713년 7월 8일 혜능이 열반에 들려고 하자, 문인들이 모였다. 대중이 슬피 울면서 좀 더 머물기를 청하자, 혜능이 말했다.
> "부처님이 세상에 출현하신 것도 열반을 나타내기 위함이다. 옴이 있었으니 가는 것은 당연한 일이다. 나의 이 몸도 반드시 가야 한다."
> "스님께서 지금 가시면 언제 돌아오시는 겁니까?"
> "잎사귀가 떨어지면 뿌리로 돌아간다. 다시 올 날을 말할 수 없으리[落葉歸根 來時無口]."

낙엽이라는 눈에 보이는 현상이 사라진다고 해서 낙엽 자체가 사라진 것은 아니다. 또 꽃잎이 떨어졌다고 하여 꽃이 진 것은 아니다. 꽃잎은 현상적인 존재로 피었다가 지는 것이지만 그 꽃잎을 떠받치고 있는 참된 실재꽃는 영원히 존재한다. 생멸하는 현상 속에 변치 않는 실재, 그 실재가 실상實相인 것이다.

우리 눈앞에 펼쳐진 모든 존재는 우리가 인식하는 것들이다. 곧 현상은 내 마음에 투영된 세계이다. 그래서 『화엄경』에서는 '3계三界는 자신의 탐심貪心으로 생겨난 것이요, 생사라고 하는 것도 마음에서 일으킨 것'이라고 하였다. 우리 눈에 보이는 모든 것들은 생겨나 잠시 존재하다가 파괴되어 사라지게 되어 있다[生住異滅]. 현실적으로 보이는 현상은 파괴되어 사라지지만 그 밑바닥에는 변치 않는 실재가 존재한다는 말이다.

『법화경』에서는 이를 '제법실상諸法實相'이라고 하였다. 제법실상, 모든 존재의 있는 그대로의 모습을 열 가지로 표현하여 10여시+如是라고 한다. 또한 이 실상을 공空이라고 하는데, 이 모두는 구마라집鳩摩羅什, Kumārajīva, 344~413의 해석이다.*

초기불교에서 실상은 곧 연기緣起 사상이다. 현 불교학에서는 시간적인 선후 인과관계만 연기라고 보는데, 초기불교에서는 논리적인 상호의존의 인과관계도 연기라고 하였다. 현 불교학에서 연기의 의미가 축소된 것이다. 부처님께서 깨달은 진리가 연기였고, 이 연기가 대승불교에서는 공, 『법화경』에서는 제법실상이다. 이 제법실상을 선에서는 부처님과 조사가 깨달은 세계를 표현하는 문구로 사용한다.

소동파는 "버들은 푸르고 꽃은 붉다."고 하였고, 노센은 "눈은 옆으로, 코는 세로로 달려 있다[眼橫鼻直]는 사실을 알았다."고 하였다.

하나 더 읽어 보자. 『무문관』의 저자 무문 혜개無門慧開, 1183~1260의 말이다.

봄에는 꽃이 있고, 여름에는 시원한 바람이 있고 가을에는 달이 있고, 겨울에는 눈이 있다. 망상에 사로잡히지만 않는다면 모두가 좋은 계절이다.

선덕先德들은 한결같이 선적禪的 경지로 삼라만상 펼쳐진 그대로의 현상을 말하고 있다. 그런데 왜 우리는 있는 그대로 보지 못하고, 듣지 못하고, 느끼지 못하는 것일까? 소납은 결론을 내릴 수가 없다. 대답은 각자의 몫으로 남겨두고 싶다.

---

• 구마라집이 경전을 한역하면서 『법화경』에 나오는 '공(空)'의 개념을 '실상(實相)'이라고 한역하였는데, 후세에 매우 탁월한 한역으로 인정받고 있다.

# 진실 되게
# 산다는 것

　어느 해, 밧지국에 심한 가뭄이 들어 굶어 죽는 사람들이 속출했다. 곡식에 여유가 있는 사람들도 궁핍해 비구들에게 탁발 공양을 올리지 못했다. 그러자 일부 비구 스님들이 그 위기를 모면하고자 수행의 도과(道果)를 이루지 못했으면서도 '자신들은 아라한이 되었다.'고 거짓말을 하였다.

　밧지국 사람들은 비구들의 거짓 행동을 알지 못하고, 자신들은 배를 곯아도 비구들에게 공양을 올리며 더욱 존경하였다. 어려움에 처해 있음에도 스님들께 보시해 복덕을 쌓음으로서 힘든 시기를 벗어나고자 하는 마음이 간절했던 것이다. 그래서 사람들은 헐

벗는데도 비구들은 충분한 공양을 받아 혈색이 모두 좋았다.

관례에 따라 우안거가 끝나고 비구들은 부처님이 계시는 베살리 마하와나 숲 속 사원으로 모여들었다. 당시 비구들 대부분이 밧지국에서 수행했는데, 탁발 공양을 받지 못해 굶주려서 혈색도 좋지 않고 건강도 매우 나빴다. 그런데 유독 와구무다 지역에서 온 비구들만 모두 건강하고 혈색이 좋았다. 부처님께서는 여러 지역에서 모인 비구들에게 우안거 동안 어떻게 수행했으며, 어떻게 탁발 받았는지를 자상하게 물은 뒤 와구무다 지역에서 온 비구들에게도 같은 질문을 하였다. 그러자 이들은 탁발하는 데 별 어려움이 없었다고 대답했다. 부처님께서는 그들의 생활을 알고 있었지만 다시 한 번 물었다.

"그렇다면 그대들은 진정 경지에 이르렀는가?"

"그렇지 못합니다. 참된 선정을 얻지 못했지만, 탁발 공양을 받기 위해 거짓으로 깨달은 척 했습니다."

부처님은 비구들의 답이 떨어지기도 전에 '거짓으로 성자를 사칭하는 것은 계율 중 바라이죄 波羅夷罪를 지은 것이다.'라고 크게 꾸짖으며, 다음 게송을 읊으셨다.

차라리 달구어진 뜨거운 쇳덩어리를 삼킬지언정
계행도 없어 신구의 身口意를 다스리지 못한 자가
어찌 신심 있는 불자의 공양을 받을 수 있겠는가?

계율 가운데 살殺 · 도盜 · 음婬 · 망妄을 4바라이죄라고 하는데, 승려가 이를 어기면 교단에서 쫓겨날 만큼 엄중한 계율이다.

또 『법구경』에 이런 내용이 전한다. 부처님께서 기원정사에 계실 때의 일이다.

목련 존자가 도리천 천상 세계에 간 일이 있었다. 그곳은 단정하고 청정했으며, 천인들이 호화롭게 살고 있었다. 목련은 그들에게 '무슨 공덕을 지었기에 하늘에 태어났느냐?'고 물었다.

이들의 대답은 모두 제각각이었다. 어떤 천인은 '천상에 태어나기 전에 보시를 많이 했다.'고 하였고, 두 번째 천인은 '극히 적은 물건, 즉 사탕수수대 하나, 과일 한 개, 채소 한 포기라도 진실한 마음으로 정성스럽게 스님들께 보시했다.'고 하였다. 그리고 세 번째 천인은 '자기 주인이 매우 난폭해 폭력을 행사했지만 그에게 앙심을 품지 않았고, 자신을 고용해 준 것만으로도 감사하게 여겼다.'고 하였다. 그리고 마지막으로 네 번째 천인이 이렇게 말했다.

"서는 천상에 태어나기 전에 부처님 설법을 많이 들어서가 아니라 항상 진실만을 말했으며, 정직하게 살았습니다."

훗날 목련이 부처님을 친견하고, 이런 질문을 하였다.

"부처님, 사람들이 거짓되지 않고 진실만을 말하거나, 자신의 감정을 잘 조절하고, 작은 것일지라도 정성스럽게 공양을 올린 것만으로도 천상에 태어날 수 있는 공덕이 됩니까?"

그러자 부처님께서 말씀하셨다.

"비록 작을 행을 할지라도 진실함을 잃지 않는다면 반드시 과보가 있다. 그 과보는 결코 사라지지 않는다."

　마지막 천인의 답변을 다시 한 번 새겨 보자. '진실만을 말하고 정직하게 산다는 것'. 왠지 마음이 숙연해진다. 부처님께서는 이를 불자가 지켜야 할 계율로 보셨다. 진실과 정직함이 가져오는 과보는 현 삶에서는 신뢰감으로 인정받는 것이요, 미래세에서는 좋은 세계가 보장된다. 이는 종교를 떠나 인간으로서 반드시 지녀야 할 도덕규범이 아닐까?
　수행자에게도 중요한 것은 깨달음을 얻는 것이 아니라 진실함을 잃지 않는 것이다. 있는 그대로 보고, 사유하며, 행함으로서 포장하지 않는 진실함이 바로 인과의 열쇠가 되기 때문이다.

# 스승이란 이름만으로는
# 쉽지 않은 일

청산은 나를 보고 말없이 살라 하고,
창공은 나를 보고 티 없이 살라 하네.
탐욕도 벗어놓고 성냄도 벗어놓고,
물같이 바람같이 살다가 가라 하네.

이 선시는 고려 말 선사 나옹 혜근의 작품이다. 우리나라 사람들이 가장 많이 애송하는 선시로 가수들의 노래 가사로 활용되기도 했다. 이 아름다운 선시의 작자 혜근이 출가했을 때이다. 혜근은 출가 전에 어른들에게 이렇게 묻곤 했다.

"죽으면 어디로 갑니까?"

하지만 이 질문을 제대로 해결해 주는 사람이 없었다. 혜근은 답답함을 풀고자 경북 문경의 공덕산 묘적암에 주석하고 있던 요연(了然)에게 출가하였다. 혜근이 선사와 처음 대면했을 때, 선사가 먼저 물었다.

"무엇 때문에 중이 되려고 하느냐?"

"3계를 뛰어넘어 중생을 이롭게 하려고 합니다. 스님께서 제게 좋은 가르침을 주십시오."

"이곳에 온 것은 어떤 물건인고?"

"네, 능히 말하고 들을 줄 아는 자가 왔습니다. 그런데 보려고 하면 볼 수 없고, 찾으려 하면 찾을 길이 없으니 답답함을 풀 데가 없습니다. 스님, 어떻게 닦아 나가야 알 수 있는 겁니까?"

"나는 아직 공부가 부족하다. 너의 질문에 답할 만큼 근기가 수승하지 못하다. 다른 훌륭한 선지식을 찾아가서 물어라."

이렇게 혜근은 요연 스님 문하를 떠나게 되었다. 아마 이때 선사가 혜근의 질문에 당황해 적당히 둘러대었다면, 우리나라의 위대한 한 선사는 그냥 묻혀졌을지도 모른다.

또 중국 선종 5가 가운데 현재까지 법맥이 온전히 전하고 있는 조동종의 종조 동산 양개(洞山良价, 807~869)가 출가할 당시 상황도 혜근과 유사하다.

양개는 처음에 고향의 작은 절에서 출가하였다. 양개가 『반야심경』을 다 외우자, 스승은 다른 경전을 암송하라고 하였다. 양개가 외우지 않겠다고 하자 스승이 왜 그러느냐고 물었다.

"『심경』에는 눈·귀·코·혀·몸·뜻 6근이 없다고 했는데, 무슨 뜻인지 잘 모르겠습니다."

스승은 양개에게 '나는 그대의 질문에 답할 능력이 되지 못한다.'고 고백한 뒤, 양개를 오설 영묵 五洩靈默, 747~818에게 데리고 가 지도해 줄 것을 부탁했다. 이 인연으로 양개는 영묵을 스승으로 삭발하였으며 영묵 문하에서 3년간 수행한 뒤, 운암 담성 雲巖曇晟, 772~841을 만나 중국의 위대한 선사 가운데 한 분이 되었다.

임제종에서는 스승과 학인 간의 기용 機用을 네 가지로 설하는데, 이를 4빈주 四賓主라고 한다. 학인이 뛰어나 스승의 기용을 간파하는 객관주 客看主, 스승이 학인의 기용을 간파하는 주간객 主看客, 스승과 학인의 기용이 모두 뛰어난 주간주 主看主, 스승과 학인의 기용이 모두 열등한 객간객 客看客이다.

스승과 제자 사이의 기량이 비단 선에서만 언급되는 것은 아닐 것이다. 교육 현장에서도 얼마든지 4빈주 현상이 일어날 수 있다.

소납은 운문사를 졸업한 지 25년이 넘었다. 강원 학인 시절, 현 운문사 회주인 명성 강주 스님 아래서 공부했었다. 경전 수업을 끝내고, 한국불교사 책을 읽는 시간이 있었다. 당시 어떤 내용인지 기억은 없지만, 한 학인이 스님께 한국불교사 책에 실린 단어에 대해 질문했었다. 스님께서는 잠시 주저도 없이 '모른다.'고 하시며 웃으셨다. 당시 소납은 철없는 20대 초반이었는데도 스님의 그 모습이 인상 깊게 남아 있다. 모르는 것을 모른다고 하는 것, '스승'이라는 이름을 가진 이가 하기에 쉽지 않은 일이다. 진실함이 그대로 묻어 나온 스승의 소탈함이 20여 년이 지난 지금까지도 내 가슴 언저리에 머물러 있다.

  소납도 가르치는 일을 하지만, 혜근과 양개의 스승처럼 그런 경계를 만난다면 진실함으로 제자를 지도할 수 있을까? 스스로에게 물어본다.

# 통한의 불교사에도
# 빛난 승려들

한국불교사에는 세속적 명리 名利보다 출가수행의 길을 선택한 이들이 많다. 이 중 신라 때 자장慈藏, 590~658 율사는 26대 진평왕이 '도와달라.'고 불렀지만 응하지 않았다. 율사는 칙사를 통해 왕에게 이런 전갈을 보냈다.

하루 계를 지키다가 죽을지언정 계를 파破하면서 사는 것을 원하지 않는다.[吾寧一日持戒死 不願百年破戒而生]

자장은 진골 출신으로, 부모를 일찍 여의었다. 율사는 출가한 뒤에 자신의 집을 사찰로 만들고 이후 깊은 산골에서 홀로 백골관을 닦으며, 작은 토굴을 지어 가시덤불로 둘러막고 벗은 몸으로 그 속에 앉아 수행했다. 조금이라도 움직이면 찔리도록 가시를 둘러 친 것이다. 또 끈으로 머리를 천장에 매달고 수행했는데, 조금이라도 졸면 머리카락이 당겨져 바로 깰 수 있도록 자신을 경책한 것이다. 이렇게 용맹 정진하는 중에 조정에서 재상 자리가 비어 있다고 그를 불렀으니, 율사는 끝내 받아들이지 않았다.

이렇게 세속의 명예보다 참 수행 길을 보여 준 선지식이 또 있다. 소납이 역대 선지식 가운데 존경하는 인물 가운데 한 분이신 조선 중기 청허 휴정淸虛休靜, 1520~1604이다. 선사는 18세에 부용 영관芙蓉靈觀, 1485~1571을 의지해 선을 배웠고, 영관에게서 인가를 받았다.

휴정은 '선은 부처의 마음이고, 교는 부처의 말씀[禪是佛心·敎是佛語]'이라며 선교일치를 주장하였고, 사람의 근기가 각각 다르므로, 혹 어떤 이에게 타력他力이 필요하다면 염불·주력·참회·보시 등 다양한 수행법으로 수행하는 것을 용인하였다. 하지만 휴정은 수행하던 중 막착언설莫著言說, 곧 문자를 초월한 선에 마음을 기울인 뒤 "일생 동안 어리석은 사람이 될지언정 다시는 말만 중얼거리는 문자법사는 되지 않으리라."고 다짐하였다. 휴정의 선교관은 선이 주主가 되고, 교가 종從이 되는, 선의 입장에서 교를 받아들인 것이다.

선사는 33세에 승과에 급제해 대선大選을 거쳐 허응당 보우의 청으로 선교양종판사禪敎兩宗判事를 맡았다. 그러나 판사를 맡은 지 2년 만에 직위를 버리고, 금강산으로 들어가 제자들을 제접하였다. 이

후 선사가 70여 세 무렵, 임진왜란이 일어났을 때도 선조의 청으로 8도16종도총섭八道十六宗都總攝 직위를 받아 의승군을 이끌었지만, 이 직책도 얼마 뒤에 사명에게 물려주고 산으로 들어갔다. 조선 500년 억불숭유로 불교가 암울했던 시대에 휴정이라는 선지식은 등불과 같은 존재였다. 한국 선의 중흥조로서 휴정의 선 사상은 한국 불교에 면면히 흐르고 있다.

 무엇보다도 휴정은 자장 율사처럼 명리보다는 수행자로서의 면모가 귀감이 된다. 하기야 이 점에 있어 원조를 거슬러 올라가면 단연코 부처님이다. 마가다국 빔비사라사왕이 막 출가한 싯다르타에게 "다시 왕자로 돌아간다면 석가족을 위해 땅과 군사를 주겠다."며 세속 황제의 길을 제안했을 때, 부처님은 단호히 사문의 길을 선택하셨다.

 가끔 종단이 혼란스러울 때마다 소납은 종단에 공감 능력이 깊어진다. 젊을 때는 비판이 매우 강했는데, 이제는 소납이 몸담고 있는 절집 문중에 안쓰러움이 앞선다. 하지만 염려하지 않는다. 자장 율사, 보조 지눌 국사, 휴정 선사 등 명리보다는 수행자로서의 진실됨을 보여 준 이들이 있어 앞으로도 이 종단은 유유히 흘러갈 것이다. 두려워 말자.

---

- 영관과 휴정은 고려 말 태고 보우 법맥이며, 현재 우리나라 스님들이 이 법통을 잇고 있다.

# 스승과 제자의
# 아름다운 인연

　부처님의 10대 제자 중 가장 상수 격에 해당하는 제자는 지혜제일인 사리불 존자이다. 북방불교에서는 석가모니 부처님을 주본불로 모실 경우, 가섭과 아난 존자를 보처로 모시지만, 남방에서는 사리불과 목련 존자를 모신다. 그만큼 초기불교에서는 사리불과 목련을 위대한 선지식으로 여긴다. 출가한 라훌라를 사리불과 목련에게 맡길 만큼 부처님께서 신뢰했던 제자들이기도 하다. 또한 사리불은 부처님을 대신해 대중에게 법을 설하기도 하였으며, 제바달다와 육군비구 등이 교단을 시끄럽게 할 때도 나서서 해결하였다. 부처님께서는 사리불을 부를 때 "나의 장자長子"라고 불렀다.

그랬던 사리불은 부처님보다 약 6개월 먼저 열반에 들었다. 이후 부처님이 왕사성에서 오백 명의 비구들과 함께 있었을 때, 비구들에게 이런 말씀을 하셨다.

"나는 지금 이 대중 가운데 사리불과 목련 비구가 없으니 왠지 텅 빈 것 같구나. 예전에 사리불과 목련이 살아 있을 때, 유행했던 그 지역은 행운이었을 것이다. 사리불과 목련은 외도들에게 항복받을 수 있을 만큼 뛰어난 제자들이기 때문이다."

노구의 스승이 먼저 떠난 제자를 그리워하는 모습이 눈에 선하게 다가온다. 공자도 제자인 안연顔淵이 죽었을 때, '하늘이 나를 버렸구나.'라고 탄식하며, 여러 날 식음을 전폐했다고 한다. 이런 것을 볼 때, 스승과 제자의 관계는 부모 자식 인연과는 다른, 신뢰라는 끈끈한 줄로 맺어진 것 같다.

중국 남북조 시대의 도안道安, 312~385과 혜원慧遠, 334~416도 사제 관계이다. 도안은 인도불교를 중국의 불교로 변환하는 데 중추적인 역할을 한 분으로, 승려들의 법명 앞에 석釋씨 성을 쓸 것을 주장하기도 하였다. 도안에게는 수십여 명의 제자들이 있었는데, 이 가운데 혜원이 있다.

혜원은 도안에게 귀의하여 자신의 모든 시간을 경전 연구에 바쳤다. 당시 도안은 양양에 머물면서 제자들을 여러 지역으로 흩어 보내었다. 이때 도안은 각 제자마다 그에 맞는 교훈을 주었는데 혜원에게만은 아무 말도 하지 않았다. 혜원은 스승 앞에 무릎을 꿇고 아뢰었다.

"스님께서는 제게만 가르침을 주지 않았습니다. 제가 다른 사람들을 교화시킬 만한 역량이 부족한가요?"

"혜원, 그대 같은 사람에게 어찌 걱정할 것이 있겠는가?"

스승의 믿음대로 혜원은 여산廬山에 머물러 수행하였고, 중국불교의 금자탑을 세운 승려 가운데 한 사람이 되었다. 부처님 이래 현재까지 스승은 제자에게, 그 제자가 다시 스승이 되어 제자에게, 마음에서 마음으로 법을 전하고, 믿음으로 재산을 삼았기에 현 승가는 존속되어 왔다.

얼마 전, 청도 운문승가대학 50주년 동문회를 다녀왔다. 사찰도 흥망성쇠가 적지 않건만 교육 도량으로 50여 년간 지속될 수 있었던 것도 흔치 않은 일이요, 50회에 걸쳐 졸업생이 배출된 것은 명성 회주 스님의 원력이라고 본다. 스승은 반백년 동안 한 자리에 머물러 천여 명의 제자를 잊지 않고 늘 염려하건만 졸업한 제자는 냉정히 잊고 살았던 것 같다.

운문도량, 그곳은 노구의 스승, 회주 스님이 있고 스승 밑에 어른 스님이 스승을 보좌하며 그 아래 젊은 강사 스님이 바로 위 스승을 모시고 학인들이 수학하는 대大 승가이다. 마을 집으로 치면 4대, 5대가 한 도량에 머물고 있는 모범적인 승가람이다.

아무리 세상이 혼탁할지라도 스승이 제자를 신뢰하고 염려하는 보석 같은 마음이 승가를 이루는 근간이요, 재산이다. 스승과 제자의 법연法緣은 혈육의 정보다 더 아름다운 인연이기에 세상 사람들로부터 승보로 존중받아 왔고, 앞으로도 그럴 것이다. 운문의 승가여! 면면히 흘러 영원하기를 바란다.

# 자랑스런 그 이름
# '스님의 어머니'

 어머니! 정겨운 말이지만, 소납에게는 왠지 어색한 말이기도 하다. '스님의 어머니'란 말에는 자랑스럽기보다는 측은한 이미지가 먼저 떠오른다. 소납이 어린 나이에 야반도주해 출가를 했던지라 모친의 애달픔이 먼저 느껴지는지도 모르겠다. 대부분의 어머니는 자식이 승려가 된다는 데에 부정적이다. 승려의 삶이 쉽지 않은 길인 데다 한국 역사의 애환이 담겨 있기 때문이다.
 하지만 자식이 원하는 길이라 인정하고, 호탕한 마음으로 자식을 출가시킨 모친이 있다. 바로 명나라 4대 승려 가운데 한 분인 감산덕청 德淸憨山, 1546~1622의 어머니다.

감산 덕청이 소납의 뇌리에 깊이 각인된 것은 중국 선종 사찰을 순례할 때이다. 6조 혜능의 도량인 남화사 조사전 안, 혜능의 진신상 옆에 덕청의 진신상이 나란히 모셔져 있는 것을 친견했다. 이후 덕청에 대해 관심이 많아졌고, 스님의 자서전인 『감산자전』을 여러 번 읽었다. 이 책을 읽으면서 스님을 흠모하게 되었는데, 그 인물됨 뒤에는 바로 어머니가 있었다.

덕청은 안휘성 금릉 전초全椒 사람이다. 덕청은 덕청 대사로 칭한다. 자는 징인澄印, 시호는 홍각선사弘覺禪師이다. 덕청의 모친은 평생 관음기도를 하였는데, 어느 날 밤 관음보살이 동자 하나를 데리고 집으로 들어오는 꿈을 꾸고 덕청을 낳았다. 아홉 살의 덕청은 사찰의 학당에 다니며 공부를 하였는데 그곳에서 『관음경』 독송하는 소리를 들었다. 어린 덕청은 '능히 세간의 고통을 구한다[能救世間苦].'라는 구절을 듣고 환희심을 내었다. 그리고 스님에게 책을 빌려 ㄱ 경을 모두 외웠다. 이후 모친에게 『관음경』을 독송해 주자 어머니가 매우 기뻐하였다는 일화가 전한다.

덕청이 열두 살이 되자, 아버지가 신붓감을 구해 아들과 정혼시키려고 하였다. 덕청이 승려가 되겠다고 하니 아버지는 반대했다. 그러자 어머니가 아버지에게 이렇게 말했다.

"우리가 이 아이를 키우는 것은 자기 포부를 펼치도록 하는 것이 아닙니까? 자기가 하고 싶은 공부를 하게 합시다. 아이가 원하는 대로 사찰로 보냅시다."

이렇게 어머니의 격려로 덕청은 열두 살에 출가하였다.
『감산자전』을 보면 출가한 이래로 부모님을 만났다는 기록은 없다. 그러다가 스님이 마흔네 살이 되는 해에 대장경을 한 질 가지고 출가 본사인 보은사를 방문했다. 스님이 보은사에 도착하기 전부터 보은사의 보탑寶塔이 방광하였고, 대장경을 맞아들이는 날에는 탑에서 나온 빛이 다리를 놓은 것과 같아, 스님네들이 불을 밝히지 않아도 어두운 길을 걸을 수 있을 정도였다고 한다.

탑이 방광하고 아들이 보은사에 왔다는 소식을 접한 어머니는 인편으로 '언제쯤 집에 올 수 있느냐?'고 물었다. 스님은 '사적으로 보은사에 온 것이 아니니, 어머니가 처음 만난 것처럼 헤어질 때도 기뻐한다면 이틀 밤을 집에서 잘 수 있다. 그렇지 못하면 집에 가지 않겠다.'고 기별하였다. 어머니는 이 말을 전해 듣고, '어찌 이별할 때 슬퍼하겠느냐. 한 번 보기만 해도 되는데, 이틀 밤이라니!' 하였다. 스님은 집으로 가 어머니를 만났다.

그날 저녁 문중 사람들이 몰려왔는데, 한 어른이 스님께 물었다.

"배를 타고 오셨나, 뭍으로 오셨나?"

어머니가 스님 대신 대답했다.

"배를 타고 왔든, 뭍으로 왔든, 그걸 왜 묻소."

질문한 사람이 다시 물었다.

"어디서 오셨나?"

어머니가 다시 대답했다.

"공중에서 왔소."

스님은 어머니의 이 말을 듣고 깜짝 놀라 말했다.

"어머니가 어릴 적에 저를 공부시키기 위해 냉정히 내치셨던 이유를 이제야 알겠군요. 저와 헤어진 뒤 제 생각을 하셨습니까?"

"어찌 생각하지 않았겠습니까? 사람들이 스님이 북두칠성 밑에 있다고 해서 밤마다 스님을 위해 북두칠성에게 치성을 드렸어요. 그러다가 스님이 죽었다는 소문을 듣고 나는 스님 생각을 끊었는데, 이렇게 스님을 뵈니 화신이 내려온 것 같습니다."

이틀 밤이 지나고 사흘째 되는 날, 스님이 어머니와 헤어지는데, 어머니는 처음 만날 때처럼 즐거운 모습이었다. 스님은 "그제서야 어머니가 보통 사람이 아니라는 것을 알았다."는 기록을 남겼다.

이후 덕청이 50세가 되었을 때, 누명을 쓰고 유배를 가게 되었다. 스님이 유배를 가는 도중 남경南京에 도착하자, 어머니가 강가로 마중 나와 있었다. 모자가 즐겁게 대화를 나누고 헤어질 때 스님이 말했다.

"어머니는 아들이 이 지경에 이르렀다는 말을 듣고 많이 걱정하셨지요."

"죽고 사는 것이야 정해져 있지요. 나 자신도 걱정하지 않는데, 왜 스님을 걱정합니까? 나는 스님의 진심을 믿습니다."

모자가 밤새 대화를 나누고, 이튿날 헤어지면서 어머니가 스님에게 말했다.

"스님은 도道로서 몸을 잘 가누고, 내 걱정은 하지 마세요. 이번에 스님과 헤어지면 오랫동안 만나지 못하겠네요. 기쁜 마음으로 가시고, 뒤돌아보지 마세요."

스님과 모친에게 있어 이 만남이 그들 생의 마지막이었다.

- 감산 저, 대성 역, 『감산자전』(여시아문, 2002).

# 선사들의
# 삶과 수행 이야기

옛 스님들의 일화를 대하다 보면, 일반 세인들의 삶만큼 참으로 다양하다. 선사의 통쾌한 행동에서는 미소를 짓게 되고, 선사의 고달픈 삶에서는 수행의 지혜를 배운다. 조금 민망한 말이지만, 이 세상의 어느 종교에 이렇게 훌륭한 수도자의 모습이 있을 것인가? 멋진 선사 몇 분을 만나보자.

경성 일선敬聖一禪, 1488~1568은 조선 중기 승려로, 벽송 지엄碧松智儼, 1464~1534의 법을 받은 제자이다. 일선이 50세가 되던 무렵 나라에서 승군僧軍에게 신천의 제방을 쌓게 하였는데, 일선은 그 지역을 표연히 걸어갔다. 걸림 없는 모습에 감독관은 스님을 세워 잠시 대화를 나누다가 스님의 물외도인적 풍모를 느끼고 집으로 모셔서 공양을 하였다. 스님은 그 집에서 보름 정도 머물렀는데, 당시에 스님을 친견코자 찾아오는 사람이 문전성시를 이루었다. 이를 염려한 어느 유생이 사헌부에 '경성당이라는 중이 혹세무민하고 있으니 빨리 잡아가라.'는 투서를 올렸다. 사헌부에서는 스님을 잡아다 금부에 가두고 국문하였는데 스님은 얼굴빛이 조금도 달라지지 않았고, 옥사 안에서도 의연히 가부좌를 한 채 평상시와 다름없이 정진하였다. 관리들은 일선의 의연한 태도에 오히려 감동을 받아 스님을 방면하였다.

 또 다른 분은 '천연스럽다'고 해서 그대로 이름이 된 단하 천연 丹霞天然, 739~824이다. 천연은 출가 동기부터 심상치 않은 인물이다. 방거사와 과거시험을 보러 가는 도중 발길을 돌려 출가한 것이다. 스님과 관련한 '단하소불 丹霞燒佛' 공안은 널리 알려져 있다. 법당의 목불 木佛을 아궁이에 태워 방바닥을 따뜻하게 해 놓고, 주지에게 '부처님 몸에서 사리가 나오나 했더니, 사리가 나오지 않더군.'이라고 오히려 큰소리를 쳤다는 내용이다.
 이보다 더 배짱 두둑한 이야기가 있다. 천연이 천진교 天津橋 위에 드러누워 있는데, 마침 지나가던 그곳의 유수 留守 정공 鄭公이 일어날 것을 종용하였다. 관리가 지나가니 당연히 일어나서 예를 표하라는 뜻이다. 그런데 천연이 거들떠보지도 않고 딴청 부리자, 정공이 천연에게 물었다.

"왜 사람이 지나가는데 일어나지도 않습니까?"

"일 없는 게 중이요."

정공은 천연에게 귀의해 옷 두 벌을 보내고 날마다 양식을 보내주었다고 한다.

고려 말 나옹 혜근은 원나라에서 수행하고, 귀국해 해주 신광사神光寺에 머물고 있었다. 홍건적이 침입해 사람들이 모두 남쪽으로 피난을 갔으나 스님만은 대중을 안심시키고 평상시와 똑같이 법을 설하고 정진하였다. 하루는 적군 수십 명이 절에 들어왔으나 스님은 매우 태연자약하였다. 그러자 오히려 홍건적이 법당에 향을 사르고 스님께 절을 하고 물러갔다. 스님은 끝까지 신광사를 떠나지 않고 절을 지켰으며, 이후 홍건적이 사찰에 와도 사람과 물건을 해치지 않았다.

조선 중기 부휴 선수浮休善修, 1543~1615는 서산 휴정과 똑같이 부용 영관으로부터 법을 받은 제자이다. 선수는 임진왜란 때, 덕유산 초암에서 은신하고 있던 중 왜적 수십 명을 만났다. 왜적이 선사에게 칼날을 휘두르며 위협하는 데도 선수는 차수한 채 태연부동하게 서 있었다. 그러자 오히려 왜적들이 선수에게 해코지를 당할까 두려워 절을 하고 물러갔다고 한다.

당나라 때, 제자들에게 몽둥이를 휘두르기로 유명한 덕산 선감의 법을 받은 제자 중 설봉 의존과 암두 전활이 있다. 전활은 의존보다 나이가 6살이나 아래인데도, 의존의 공부 향상에 도움을 주었다. 전활과 의존이 젊은 시절 행각을 하던 중 낭주의 오산이란 곳에 있다가 눈이 갑자기 많이 내려 고립되었다. 의존이 불안에 떨며 잠을 이루지 못한 반면, 전활은 느긋하게 편안히 잠을 잤다.

만년에 암두 전활은 동정의 와룡산에서 법을 펼쳤다. 그런데 나라에 도적떼들이 일어나 민심을 어지럽혔다. 그 지역 사람들은 모두 도적떼를 피해 떠났으나 스님은 홀로 절에 남았다. 어느 날 도적떼들이 절에 몰려와 공양거리를 달라며 스님을 칼로 찔렀다. 스님은 칼을 맞고도 태연한 자세로 소리 한 번 외치고 입적하였다. 그런데 이 소리가 수십 리 밖까지 들렸다고 한다. 백 년 만에 한 분 나올 만한 고승이 이런 업보를 받으면서도 의연한 자세를 잃지 않은 것이다.

선사들은 죽음조차도 삶과 여일하게 받아들여 수행으로 승화시켰다. 출가한 스님들도 육신의 아픔, 타인들의 비방, 제자들의 배신, 수행의 기쁨, 사판승으로서의 애달픔 등 삶의 희로애락을 모두 겪으며 살아간다. 그러나 선사들은 기쁜 일이 생겨도 기쁨에 떨어지지 않고, 슬픈 일이 일어나도 슬픔에 마음 두지 않는 평정심[捨]을 갖고 있다. 이것이 바로 선 수행의 힘이다.

제 5부

머리카락이 없어야
부처인가

―

# 머리카락이 없어야
# 부처인가?

당나라 무종武宗 때, 절을 부수고 스님들을 쫓아내는 폐불 사건845년이 있었다. 이를 '회창폐불會昌廢佛'이라고 하는데, 당시 파괴된 사원이 4만여 곳, 환속한 승려만 26만 명이 넘을 정도로 심각한 법난이었다. 이 폐불 사건으로 교종은 피해가 심했지만 선종만은 우뚝 살아남았다. 그 이유로 출가 신분이든 재가자의 삶이든 형식에 괘념치 않았던 선사들의 수행 열망을 들 수 있다.

이런 법난에도 굴하지 않고, 설봉 의존은 세 차례나 투자 대동投子大同, 819~914 선사를 참문하고 아홉 차례나 동산 양개를 찾아가 법을 구하였다. 또 암두 전활은 호북성 악양 동정호 기슭에서 나루터

뱃사공 노릇을 하며 예전과 다름없이 수행하였다. 이를 보면 삶이 곧 수행임을 알 수 있다. 선사들의 이런 수행 방식은 천여 년이 흐른 현대에도 유사한 양상을 보여 준다.

문화대혁명1967~1976년 때 승려들은 재가자가 되었다가 1970년대 후반 종교 자유화 정책 이후 재출가하였다. 임제종 법맥인 정혜淨慧, 1932~ 스님은 광동성과 호북성 등지에서 재가자로 노동을 하다가 다시 출가하여 현재 중국불교를 실질적으로 이끌고 있다. 또 본환 스님은 22년간의 감옥 생활을 마치고, 1980년에 다시 출가해 폐허가 되었던 수십여 곳의 선종 사찰을 중건하였다.

다시 과거로 돌아가자. 위앙종의 위산 영우는 폐불 사건이 일어나자 머리를 기르고 재가자로 살았다. 이런 사실을 안타깝게 여기던 호남관찰사 배휴가 무종의 다음 황제인 선종847~859 재위에게 폐불령을 풀도록 주청하고, 영우에게 재출가를 권유하였다. 배휴는 영우를 가마에 태워 호남성湖南省 영향寧鄕 농경사同庆寺, 현 밀인사(密印寺)로 모신 뒤, 선사의 제자들과 상의해 머리카락을 삭발해 드리고자 하였다. 이에 영우가 웃으며 말했다.

"그대들은 머리카락이 없어야 부처라고 생각하는가?"

배휴가 적극적인 지원을 해 주어 영우가 동경사에서 법을 펼친 이후, 영우의 문하에 1,500여 명의 제자가 모였다. 이렇게 동경사를 배경으로 펼쳐진 영우의 선풍이 선종 5가 중 최초로 개산開山한

위앙종이다. 영우는 동경사에서 열반했는데 대위산大潙山에서 장사 지내는 날, 종일토록 물이 마르고 짐승과 새들이 울었다고 한다. 영우의 문하에서는 앙산 혜적을 비롯해 영운 지근, 향엄 지한 등 위대한 선지식들이 배출되었다.

소납이 수여 년 전 동경사를 방문하면서 참 재미있는 사실을 발견했다. 800년대 영우의 법력이 현 사회주의 국가인 도량에 그대로 발휘되고 있다는 점이다. 영우가 배휴의 도움으로 법을 펼쳤던 동경사가 마오쩌둥의 고향에 위치하는데, 마오쩌둥은 사회주의 정부를 수립하기 이전부터 동경사에 자주 방문해 머물면서 승려들과 대화를 나누었다고 한다.

또한 마오쩌둥은 문화대혁명 당시에도 동경사가 중국불교의 중요 문물文物이라고 하며, 호남성 지역 정치인들에게 '위산은 좋은 곳이요, 동경사가 있으니 잘 보호하라.'는 명을 내리기도 하였다.˙ 지금도 동경사 도량 내, 그가 머물렀던 방에는 그가 썼던 침대와 사진이 그대로 보존되어 있다. 그래서일까? 문화대혁명 때도 동경사는 큰 피해가 없었다.

아이러니도 이런 아이러니가 있을까? 종교를 부정했던 사회주의 사상가요, 문화대혁명을 통해 종교 말살 정책을 폈던 마오쩌둥에게서 불교 색깔을 엿볼 수 있다는 사실이 묘하기도 하다. 어쨌든 이방인의 눈에는 신기할 따름이다.˙˙

800년대도 동경사가 배휴의 도움으로 수행 도량의 면모를 잃지 않았는데, 1,200년이 흐른 문화대혁명 때도 동경사만큼은 건재했으니, 경전 표현대로 하면 부사의不思議한 일이다. 앞으로 1,000년 후에도 동경사에 위앙종의 선풍이 드날리기를 바랄 뿐이다.

---

- 마오쩌둥만이 아니라 중국인들은 다른 종교에 비해 불교에 대해서는 매우 호의적인 편이다.
- 또한 마오쩌둥은 문화대혁명 때도 귀중한 불교문화재는 보호하도록 명했다고 한다.

# 칭기즈칸과
# 선 수행자

몽골은 고려뿐만 아니라 수많은 나라를 정벌하였다. 고려도 몽골 침입으로 인해 초조대장경이 소실되었으며, 몽골 침입을 극복하기 위해 현재 해인사에 모셔져 있는 팔만대장경을 완성하였다. 몽골족은 지나간 자리에 개미 새끼 한 마리 남기지 않고 사람들을 도륙한다고 할 정도로 잔인한 민족이었다. 이런 몽골인들의 잔인성과 야만성을 잠재운 사람이 있는데, 바로 거란족 야율초재耶律楚材, 1190~1244이다. 역사적으로 야율초재는 칭기즈칸의 책사요, 불교적으로는 조동종 만송 행수萬松行秀, 1166~1246의 제자이다.

야율초재는 요나라 거란족 황족 출신으로 어려서부터 학문을 닦아 천문·지리·수학·불교·도교·유학 등 여러 학문에 능통했다. 중국 상하이대학 역사학자 위치우이[余秋雨, 1946~]는 야율초재에 대해 '이민족 사람으로서 한족 학자보다 더 뛰어난 문장가요, 학문적 소양을 지닌 사람'이라고 높이 평가한다.

야율초재는 중국 과거 시험에 합격해 선비의 길을 걸었으나 부친이 금나라 관리였기 때문에 전란으로 우여곡절을 많이 겪었다. 야율초재는 성안사聖安寺 징공澄公 선사에게 사사했는데, 징공의 추천으로 27세 무렵 원대에 조동종을 중흥시킨 만송 행수의 제자로 입문해 참선을 시작했다. 만송 행수는 야율초재의 문집인 『담연거사문집』 서문에 그에 대해 이렇게 서술하였다.

> 담연 거사는 27세 때부터 나의 지도를 받았다. 그는 법을 위하여 몸과 마음을 모두 잊었으며, 세간의 명리에 착하지 않았다. 담연은 마음의 도리를 크게 구하여 신묘한 경지를 정밀하게 추구하였다. 추위와 더위, 밤과 낮을 구분하지 않고 참구하기를 3년 만에 도를 얻었다. 이에 나 만송은 그에게 게송을 내리고, 담연湛然이라는 법호를 주었다.

선종사에서는 야율초재를 담연 거사湛然居士라고 한다. 야율초재는 만송 행수의 『종용록』 서문에서 자신의 선 수행 과정을 서술하기도 하였고, 선종 법맥도에도 만송 행수 법맥으로 야율초재가 기록되어 있다. 이런 야율초재가 인생 후반전은 어떻게 살았을까?

몽골의 칭기즈칸은 세계 역사상 가장 많은 영토를 차지한 왕이다. 몽골은 요나라와 금나라에 예속되어 있었으나 칭기즈칸이 여러 부족을 통일한 뒤 그 여세를 몰아 중국 전토까지 차지하였다. 칭기즈칸이 몽골을 통일하고 마지막으로 당시 남송과 대치하고 있었던 금나라를 정벌할 무렵, 인재를 구하고자 백방으로 노력하였다. 그리고 마침 금나라의 지배를 받고 있던 요나라의 야율초재를 책사로 모셨다.*

야율초재는 '우주만유 도리를 탐구하고, 성품을 닦는 일에는 불교의 가르침보다 더한 것이 없으며, 세간을 다스리고 백성을 편안케 하는 데는 공자의 가르침이 마땅하다. 나라 일을 하는 데는 공자의 가르침을 따를 것이며, 나[我]를 버리는 일에는 불교의 진여를 따르겠다.'는 마음으로 칭기즈칸의 책사 임무를 시작하였다. 즉 '유교로서 나라에 봉사하고, 선으로 마음을 다스린다[以儒治國 以佛治心].'는 취지였다고 볼 수 있다. 칭기즈칸은 주위 신하들에게 야율초재에 대해 이렇게 말했다.

"이 사람의 말을 존중해야 한다. 앞으로 야율초재를 내 곁에 두어 언제든지 자문을 구할 것이다."

이후 야율초재는 칭기즈칸을 늘 곁에서 보필했고, 칭기즈칸은 야율초재를 절대적으로 신뢰하였다. 야율초재는 칭기즈칸에게 도교 도사를 초빙해 마음공부를 하게 했고, 살생의 부도덕성과 생명의 존중성을 일깨워 줌으로서 칭기즈칸이 변하도록 만들었다. 칭기즈칸은 죽기 한 달 전에 군신들에게 '정복을 해도 사람을 살상하지 말고, 노략질하지 마라.'는 포고를 내리기도 했으며, '야율초재는 하늘이 우리 가문에 준 인물이니 그의 뜻에 따라 국정을 행하라.' 는 유언을 남겼다.

이후 야율초재는 칭기즈칸의 후예 오고타이 시대까지 책사로 지냈다. 그의 선 사상이 몽골이 중국 전토를 통일하고 원나라라는 국가의 초석을 다지는 데 영향을 미쳤으리라 추론해 볼 수 있다.

---

• 야율초재가 생존했을 당시 거란족이 세운 요나라, 여진족이 세운 금나라, 한족인 송나라가 대치하고 있었다. 제일 먼저 거란족이 망하고, 금나라와 남송(南宋)이 대치하고 있었다. 이때 새롭게 등장한 나라가 몽골이다. 몽골은 금나라를 멸망시키고 이어서 남송까지 멸망시킨다. 이리하여 원나라는 96년간 중국을 지배하였다.

# 출가자와
# 속가 가족

　중국 청나라 말기부터 공산혁명이 일어난 이후까지 중국 선종의 기둥 역할을 한 분이 바로 허운 선사이다. 현재 중국과 대만의 승려들은 대부분 허운의 법맥으로, 한국의 선객들도 허운을 존경한다. 선사는 불심이 돈독했던 양 무제의 후손으로, 17세 무렵 사촌 동생과 호남성 남악산으로 가서 몰래 출가를 하였으나, 아버지의 간곡한 청으로 집으로 돌아왔다. 부친은 아들이 불교에 심취해 있는 모습이 염려되어 도교 서적을 읽게 하고, 도사를 만나게 했으나 허운은 도교에 관심이 없었다. 아버지는 아들이 출가하지 못하도록 두 여인과 결혼을 시켰다. 얼마 후, 허운은 두 부인에게 "더 이상은 그대들과 함께할 수 없을 것 같소. 나는 더 이상 집에 머물고 싶지 않아 출가할 것이오. 우리 열심히 수행해서 훗날 용화회龍華會에서 만나도록 합시다."라는 말을 남기고 출가하였다.

아버지 소옥당은 아들을 찾아 전국을 헤매었지만 찾지 못하고, 결국 화병으로 숨을 거두었다. 이후 어머니 양모는 두 며느리와 함께 출가하였다. 허운은 여러 곳을 행각하는 중, 고향 호남성 부근을 몇 번이고 지나쳤지만 한 번도 고향으로 발길을 돌리지 않았으며, 입적할 때까지 가족 누구와도 상봉하지 않았다.

자신이 살던 습을 버리고 집을 나온 승려들에게는 고대로부터 즉금에 이르기까지 어느 누구나 출가 사연을 가지고 있다. 특히, 눈에 띄는 것은 가족들이 한꺼번에 출가하는 경우이다.

부처님 재세 시 두타제일 가섭 존자와 욱가세나, 꼬삼비의 왕비 마간디야의 부모 등 부부가 동시에 출가한 경우도 있다.

또 부모와 아들이 동시에 출가했지만 애착을 버리지 못하고 가족이 한곳에 거주하는 수행자들이 있었는데, 부처님께서 '너희가 가정을 버리고 비구와 비구니가 되었으면 더 이상 같은 장소에 머물러서는 안 된다.'고 염려해 뿔뿔이 흩어진 경우도 있다.

한국불교사에 남을 만한, 친족 모두가 출가한 경우도 있다. 바로 일타 스님의 집안이다. 스님의 집안은 외할머니로 인해 외가와 친가 모두 합쳐 49인이 출가하였다.

한편 독특하게도 결혼한 부인이 남편에게 출가하기를 간곡히 청해 비구니가 된 경우도 있다. 바로 담마딘나 비구니인데, 담마딘나는 깨달음을 얻은 뒤 전남편을 수행 지도하였다.

또 한 여인은 임신한 줄 모르고 출가해 아기를 낳았는데, 그 아기가 7세 무렵 출가해 훗날 아라한과를 증득한 까싸빠 존자이다. 당연히 여인도 비구니 생활을 지속하였고, 훗날 아라한과를 증득하였다.

여러 형태의 출가 가운데 고금을 막론하고 남편이 출가하면 부인은 집에 남아 시부모를 부양하거나 가족을 돌보는 경우가 대부분이다. 부처님도 그러했고, 한국의 성철 스님과 청담 스님 등 근현대 선지식들의 출가가 그러하다.

성철 스님은 가족들에게 3년만 참선하러 가겠다고 하고 집을 나온 뒤 영원히 돌아가지 않았다. 스님의 모친은 아들이 보고파 금강산 선방까지 찾아가 자식에 대한 애틋함을 풀었지만 유학자였던 스님의 아버지는 내색도 못하였으니, 그 심정이 어떠했을까?

그러나 누구보다도 힘들었을 사람은 스님의 부인이었으리라. 큰딸은 죽고, 작은딸불필 스님까지 절에 들어가자, 스님에게 대판 따지러 갔다가 뵙지도 못하고 시자에 의해 쫓겨 나왔다고 한다. 훗날 부인도 석남사로 출가해 비구니로 열반했으니 가족이 모두 출가한 셈이다.

출가는 한 가족에게는 잠시나마 슬픔을 안기는 일이다. 하지만 만인의 행복을 생각하면 부처님을 비롯한 역대 승려들의 출가가 진정으로 감사할 따름이다. 그런 소납도 이 말을 하면서 무언지 모를 아련한 시림, 부모에 대한 미안함이 교차한다.

# 스님 자식을 둔
# 어머니의 눈물

중생의 삶이란 상호 의존이 아닌 대가성을 전제로 인간관계가 성립된다. 사람들의 영원한 주제인 사랑도 조건부이다. 이렇게만 서술하니, 삶이 왠지 삭막하다. 하지만 조건을 내세우지 않는 참다운 인연도 존재하기 마련이다. 아마도 그 인연은 부모와 자식 관계가 아닐까 싶다. 아니, 자식은 부모를 버릴지언정 부모는 자식을 잊지 못하는 짝사랑 인연이리라. 스님들 중에도 속가 부모와 애틋한 인연을 가진 이들이 있다.

일본 무로마치[室町] 시대의 잇큐[一休, 1394~1481] 선사는 황족 출신으로, 일찍 출가하였다. 잇큐는 고기나 술을 즐기는 등 무애자재한 수행자였지만 남녀 귀천을 따지지 않고 어느 누구에게나 평등하게 진리를 전했다. 또한 그는 반골反骨 정신의 선사로서 당시 타락한 불교를 풍자했으며, 주지 소임을 잠깐 살았던 이외에는 거의 평생을 떠돌다가 열반하셨다.

 그런 잇큐는 젊은 시절, 아무리 정진해도 공부에 진전이 없자 공허한 상태에 빠져 자괴감을 느끼고 호수에 몸을 던지려고 하였다. 마침 호수에 빠지려는 찰나, 어느 거사의 제지로 자살하지 못했다. 그 거사는 잇큐 모친의 부탁으로 선사의 일거수일투족을 감시하던 사람이었다. 거사는 잇큐에게 모친의 이런 말을 전했다.
 "깨달음을 향한 여정에는 유연한 태도가 필요하다. 초조해하지 말고 천천히 수행하여라."
 잇큐는 모친의 정성에 마음을 가다듬고 다시 수행에 전념했다. 그리고 몇 년 후 모친의 유서가 그에게 전달되었다.

 어미는 이제 이 세상 일을 마치고 영원한 세계로 돌아간다. 어미는 늘 네가 부처님의 훌륭한 제자로서 열심히 정진하기를 간절히 바랄 뿐이다. 너는 부처님이나 보리달마와 같은 훌륭한 선사가 되어라. 정각을 이룬 뒤에는 반드시 중생을 제도해야 한다. 부처님께서 49년간 중생을 제도했다고 하는데, 한 말씀도 하지 않으셨다. 너는 그 이유가 무엇인지를 알아야 한다.

잇큐는 25세 무렵, '동산삼십방洞山二十棒'이라는 공안을 타파하며 깨달음을 얻었고, 몇 년 후 다시 까마귀 울음소리를 듣고 두 번째로 큰 깨달음을 얻었다. 스님이 일본 선종사에 큰 선지식으로, 무애행의 대명사로 회자될 수 있었던 것도 바로 어머니의 헌신이 있었기 때문이다.

또 부모와 승려 자식 간의 편지글을 하나 소개하고자 한다. 중국 선종의 5가 7종 가운데 조동종°의 개조開祖인 동산 양개와 그 모친의 편지글이다. 이 편지 모음은 강원에서 스님들이 공부하는 『치문緇門』에 수록되어 있다. 모친이 동산 양개에게 보낸 편지를 소개한다.

나는 너와 어느 전생의 옛적부터 인연이 있어 비로소 어미와 아들로 맺어졌다. …… 네가 태어난 뒤, 마치 보배처럼 너를 사랑하니 똥오줌의 악취도 싫어하지 않았으며 젖 먹일 때도 그 수고로움을 게을리하지 않았다. 차츰 네가 성인이 되면서부터 외출했다가 돌아오지 않으면 대문에 기대어 언제까지나 너를 기다렸다. …… 너는 간곡히 출가자의 길을 간다고 하는데, 네 아버지는 돌아가셨고 어미는 늙었으며 네 형은 인정이 메마르고 아우는 성격이 싸늘하니 세상 천지에 기대고 의지할 곳이 없구나. 아들은 어미를 버릴 뜻이 있으나 이 어미는 아들을 버릴 마음이 전혀 없다. 네가 훌쩍 출가한 이후로 마음이 슬퍼 눈물이 나고 괴롭구나. 너는 맹세코 고향으로 돌아오지 않고 출가자의 길을 걷겠다고 하였으니 나는 너의 뜻을 따를 것이다. 나는 네가 세속의 왕상에 오르기를 바라는 것이 아니라, 단지 목련 존자 같이 나를 제도하여 고해의 바다에서 벗어나게 해 주고, 위로는 불과佛果에 오르기를 바랄 뿐이다.

또한 아들에게 인천人天의 스승이 되라는 말을 남긴 어머니가 있다. 일본 조동종의 종조 도겐의 어머니는 이런 유언을 남겼다.

내가 죽은 뒤에 너는 반드시 출가 승려가 되어야 한다. 출가해 큰 스승이 되어 다음 생에라도 나와 아버지를 잘 인도해 주기 바란다.

옛말에 '훌륭한 사람 뒤에는 부모가 있다.'고 하는데, 출가 승려도 마찬가지인 것 같다. 잇큐와 도겐, 동산 양개 화상 등 훌륭한 선지식이 등장할 수 있었던 데는 모진의 간곡한 서원과 물심이 있었기 때문이다.

길고 긴 불교사에 어찌 이분들만으로 한정할 수 있으랴? 부처님의 어머니를 비롯해 스님들의 모든 어머니들, 이분들이 진정 존경받아야 할 보살이다.

---

• 조동종(曹洞宗)이라는 종명은 동산 양개의 '동(洞)' 자와 양개의 제자 조산 본적(曹山本寂, 840~901)의 '조(曹)' 자를 합쳐 붙인 것이다.

# 지옥과 극락은
# 어디인가?

전철이나 정류장 주변에서 '○○를 믿지 않으면 지옥 간다.'는 팻말을 들고 있는 이들을 만날 때가 있다. 내 관점에서는 얼토당토 않는 말이지만, '그들의 세계관이 나와 다르거니.'라고 생각하고 무심히 지나친다. 과연 지옥과 천국은 어떤 곳인가?

17세기 선사인 일본의 하쿠인은 청정한 스님으로 존경받는 분이다. 어느 날 한 무사가 스님을 찾아와 이런 질문을 하였다.
"스님, 지옥과 극락은 정말 있는 것입니까?"
"바보 같은 놈. 죽어봐야 알지, 낸들 어찌 알겠나. 어느 장군이 자네를 무사로 썼는지 한심하군."

무사는 스님의 모욕적인 발언에 화가 치밀어 발끈 화를 내며, 스님 목에 칼을 들이댔다. 스님께서는 태연하게 말씀하셨다.

"자네가 잔뜩 화가 나 있는 그 상태가 바로 지옥이라네."

스님의 말에 무사는 깨달은 바가 있어, 칼을 내려놓고 스님께 용서를 구했다. 하쿠인이 말했다.

"지금 자네가 나를 용서한 그 너그러운 마음 상태가 극락이라네."

공간적인 장소가 바뀌어야 극락이 있고, 지옥이 있는 것이 아니라 장소를 불문하고 현재 자신의 마음 상태에 따라 극락이 되고, 지옥이 된다는 뜻이다. 불교에서는 이렇게 유심정토唯心淨土를 내세우고 있다.•

혜능은 『육조단경』에서 "범부들이 청정한 자성自性을 모르기 때문에 제 몸 속의 정도를 일지 못하고 동방東方이니 서방西方이니 하면서 찾고 있다. 깨달은 사람은 어디에 있더라도 마찬가지이다."라고 하였다. 청정한 자성 안에서 참된 부처를 발견할 것이요, 밖을 향해 구하지 말아야 한다. 자성을 알면 그 자리가 부처요, 이를 인지하지 못하면 중생이기 때문이다.

염불 가운데에도 '염념보리심念念菩提心 처처안락국處處安樂國'이라는 구절이 있다. 생각 생각에 보리심이면, 머물고 있는 곳마다 안락한 곳이라는 뜻이다. 수행에 마음을 기울인다면 집에 있어도 청정한 도량이지만, 청정 도량! 사찰에 머물러 있어도 번뇌로 가득 차 있으면 혼탁한 지옥이다. 지옥과 극락은 마음이 만드는 것이다. 그리하여 혜능은 "마음이 청정하면, 곧 이것이 자성의 서방정토西方淨土이다."라고 하였다.

『유마경』에서도 "청정한 불국토를 건설코자 한다면, 먼저 그 마음을 청정히 해야 한다."라고 하였다. 험악한 지옥에 머물지라도 마음이 청정하면 그 자리가 극락이요, 극락에 있을지라도 그 마음이 괴롭고 불만족스러우면 지옥인 것이다. 설령 감옥에 있더라도 그곳을 수행 도량으로 여긴다면, 청정한 불법 도량이다.

다른 글에서도 언급했지만 감옥에서 20여 년을 살다 나온 중국의 본환 스님은 "출가자에게 처처가 도량 아님이 없습니다. 감옥은 나의 수행처였습니다."라고 하였다.

본환 스님과 정반대의 경험을 한 분도 있다. 세계적인 명상가로 알려진 아잔 브라흐마Ajan Brahma, 1951~** 스님이 초청으로 일본을 방문했을 때, 주최 측에서는 스님을 대접한다고 최고급인 5성급 호텔에 머물도록 하였다. 그러나 평생 허름한 사찰에서 머물던 스님은 호텔이 매우 불편해 감옥에 갇혀 있는 기분이었다. 그러면서 '감옥 같은 호텔, 호텔 같은 감옥'이라는 표현을 썼다.

감옥에 갇혀 있어도 만족하고 행복하면 바로 그 자리가 극락이요, 최고급 호텔에 머물러 있어도 불편하고 불만족스러우면 바로 지옥에 머물러 있는 것이다. 그대가 서 있는 곳이 지옥이라고 생각한다면 그대의 마음을 전환해 보라. 마음을 돌이킨 그 자리가 정토요, 극락이다.

---

- 불교에서는 정토(淨土)를 크게 두 가지로 구분한다. 바로 유심정토와 타방정토 (他方淨土)이다. 이 원고에서는 유심정토만을 언급하였다.
- 1951년 영국 런던의 노동자 가정에서 태어나 케임브리지 대학에서 이론물리학을 전공했다. 그러다 승려가 되기 위해 태국으로 건너가서 아잔 차 스님 밑에서 출가, 수행하였다. 호주에 있는 불교사원 보디야나 수도원의 주지이며, 세계적인 명상 지도자로 이름이 높다.

# 실천 수행
# 불교의 진실

　부처님께서 열반하기 직전 몇 개월의 과정을 묘사한 『대반열반경』에 이런 내용이 있다. 아난 존자가 여래께서 입멸한 후, 여래의 유해를 어떻게 모셔야 하는지를 부처님께 묻자, 부처님께서 이렇게 말씀하셨다.
　"내가 입멸한 후 출가자들은 여래의 유해를 모시겠다고 생각하지 마라. 너희들은 단지 출가 본래의 목적을 향해 바른 마음으로 수행하라. 게으름 피우지 말고 열심히 정진하라."
　이어서 아난에게 몇 가지 당부를 하고, 비구들에게 최후의 말씀을 하셨다.

"비구들이여! 너희들에게 마지막으로 말하노라. 이 세상에 존재하는 모든 것은 변하게 되어 있다. 게으름 피우지 말고 열심히 정진하여 꼭 수행을 완성토록 하여라."

부처님께서는 아난과 대중에게 마지막으로 말씀하실 때도 '열심히 정진할 것'을 당부하셨다.

이렇게 불교는 실천의 종교, 수행의 종교이다. 초기불교 경전의 대부분이 수행과 관련된 내용이고, 전 세계 여러 언어로 번역된 『법구경』이나 『숫타니파타』도 수행에 관련된 내용이 대부분일 정도이다.

그렇다면 불교의 실천 지향적인 면이 지금도 지속되고 있을까? 부처님께서 몇 번이고 언급한 그 정진을 종도들이 실행하고 있을까? 이 점에 대해 진지하게 생각해 봐야 한다.

일전에 조계종 불교사회연구소에서 '2013년 한국의 사회, 정치 및 종교에 관한 대국민 여론조사'의 결과를 발표했다. 이 발표에 의하면, 수행의 종교로 자칭하는 불교 신자 10명 중 7명이 수행을 하지 않으며, 이웃 종교인보다도 수행을 하지 않는다고 한다.

불자들을 대상으로 한 '현재 실천하고 있는 수행이나 기도가 있느냐?'는 질문에 29.6%만이 수행법이 있다고 답했고, 나머지 70.4%가 수행법이 없었다. 반면 타 종교인들은 39.1%가 수행을 한다고 밝혀 불자들보다 수행 면에서 높은 수치가 나왔다. 수행하지 않는 불자들이 수행을 하지 않는 이유로는 '수행하는 방법을 몰라서'가 32.0%로 가장 높았으며, '필요성을 느끼지 못해서', '수행이 어려워서'의 순으로 답변이 나왔다.

 이 조사에서 타 종교인보다 수행하지 않는다고 답한 불자들을 탓해야 할까? 불자들이 수행하지 않는 것도 문제가 있지만, 1차적인 책임은 스님들에게 있다고 본다. 부처님께서 입멸 전 말씀하신 진심眞心을 스님들이 잊은 것이요, 정법 구현의 모습을 보이지 않았다는 점이다.

 1947년 성철 스님께서 봉암사에 들어가 결사할 때, '부처님 법대로 살자.'는 취지로 칠성각이나 산신각 등을 없애고, 영가천도를 간략히 했다고 한다. 마침 이 무렵, 한 신도가 봉암사에 찾아와 49재를 지내겠다고 하자, 성철 스님께서는 이렇게 말씀하셨다.
"경만 읽어 주고, 그 이외에는 아무것도 해 줄 게 없습니다."
 신도는 곧바로 스님에게 되물었다.
"재도 지내지 않으면 스님들께서는 뭘 먹고 살겠습니까?"
"산에 가면 솔잎 꽉 찼고, 개울에 가면 물 출출 흘러내리니 우리 사는 것, 걱정하지 마이소."

 물론 성철 스님으로 인한 깨달음 지상주의를 비판하는 사람도 없지 않다. 하지만 그 어른께서 젊은 승려들에게 내보였던 철저한 수행 정신과 중생들에게 심어 주신 깨달을 수 있다는 희망은 과소평가할 수 없다.

아무리 문명이 발달해도 인간의 삶은 여전히 고통스럽고, 고독하다. 특히 근래 들어 상처받은 영혼을 '치유healing'하고 싶어 하는 이들이 늘어나면서 그 대안으로 명상을 찾고 있다. 자연스럽게 선이 부각되면서 불자가 아니더라도 명상하려는 이들이 늘어나는 추세이다. 물론 깨달음을 지향하는 선과 치유를 목적으로 하는 명상은 엄연히 다르다. 하지만 중생들이 원하는 것이라면 얼마든지 불교 측에서 그 수요에 응해 주어야 하지 않을까?

물론 불자들도 제대로 교육되지 않는 상황인 만큼 일반인들에게 어떤 방편을 활용해 명상법을 보급시킬 것인지는 고심해 볼 사항이다. 지금부터라도 재가자들을 위한 명상 프로그램을 정립해야 한다. 겉으로 드러나는 모습을 다듬기보다는 핵심 알맹이인 실천적 행을 정립하는 일을 불변의 법칙으로 삼아야 한다. 중생들에게 실천적인 명상을 보급시키는 일, 그 자체가 출가자로서 밥값을 제대로 하는 일이 아닐까?

# 신의와
# 신뢰

　간화선의 제창자 대혜 종고가 활동하던 시기는 송나라 때이다. 송나라는 여진족이 세운 금나라의 침략 때문에 남방으로 천도해 남송南宋을 세웠다. 남송의 조정은 금과 화친하자는 주화파主和派와 싸워야 한다는 주전파主戰派로 나누어 대립하였다.
　이 무렵, 종고는 주전파 장준張浚, 1086~1154의 청으로 항주 경산사徑山寺에서 간화선을 보급하며 사대부들과 폭넓게 교류하였는데, 당시 종고 문하에는 천여 명의 승려가 모였다고 한다. 종고를 따르는 사대부들은 주전파 인물이 대부분이었다. 그런데 조정은 금나라와 화해하자는 주화파 쪽으로 분위기가 흘러갔다. 53세 무렵,

종고는 주전파에 속하던 장구성張九成, 1092~1159, 무구거사(無垢居士)의 일파로 지목받아 승복과 도첩을 빼앗기고 호남성湖南省 형주衡州, 현 형양(衡陽)에서 10년간 귀양살이를 하였다. 62세 때는 다시 광동성廣東省 매주梅州, 현 매현(梅縣)로 옮겨가 6년간 귀양살이를 하였다.

종고가 처음 호남성 형주로 유배 갔을 때이다. 사찰 입구에 대자보를 붙이고 공공연히 종고를 비난하는 사람들이 적지 않았다. 반면 종고를 따르는 수많은 승려들은 부모를 잃은 듯 슬퍼하였다.

어느 날 종고를 따르는 승려들이 모여 다음과 같은 의견을 모았다.
"사람이 살면서 신념 때문에 겪어야 할 불행이라면 구차하게 면하려 하거나 슬퍼할 필요는 없다. 만약 선사께서 평생을 아녀자처럼 아랫목에 앉아서 입 다물고 아무 말도 하지 않았다면 오늘과 같은 일은 없을 것이다. 선사께서는 옛 성인이 가신 길을 간 것뿐이다. 그대들은 무엇을 그리 슬퍼하는가. 옛날 자명慈明·낭야瑯琊·대우大愚 세 스님이 분양 선소汾陽善昭, 947~1024를 친견하기 위해 길을 떠난 적이 있다. 그때 마침 서북 시역에서 선생으로 실이 막히사, 스님들은 군복으로 갈아입고 병사들 대열에 끼여 선소를 친견하러 갔다. 그런데 이곳 경산에서 형주까지는 길도 멀지 않고, 산천도 험하지 않다. 우리들이 진심으로 선사를 뵙고자 한다면 어떤 난관도 우리를 방해하지 못할 것이다."

다음날 종고를 따르는 대중들은 종고의 유배지로 향했다.

또 『운와기담雲臥紀譚』에는 수앙 서기佫仰書記, 생몰연대 미상에 관한 내용이 전한다. 수앙 서기는 종고의 귀양지까지 찾아가 가르침을 받은 인물이다. 수앙 서기는 소흥紹興, 1131~1162 연간에 늑담사泐潭寺 초당草堂 화상 밑에서 소임을 맡아 보던 사람이었다. 종고가 호남성 형주에서 광동성 매주로 유배지를 옮기자, 수앙은 매주 지역으로 종고를 따라갔다.

유배지의 군수였던 사조의謝朝議는 관료들에게 '조정에서 발령한 승려 가운데 장로가 될 만한 사람은 종고 한 사람뿐이다.'라고 하였으며, 종고를 따르는 사람들에게 공터를 정해 주고 집을 짓도록 도와주었다. 승려들은 집터를 고르고 대나무를 옮겨 와 집을 지었는데, 그들 중 어느 누구도 게으름 피우지 않고 진지하게 일하였다.

군수는 수앙 서기가 고군분투하는 줄은 알았지만 그가 과연 어떤 사람인지를 몰라 몇 사람을 불러 그의 재능과 일하는 것을 살펴보도록 하였다. 때마침 수앙은 종고의 명을 받아 조용한 나날을 보내고 있었다. 군수도 종고를 따르는 승려들을 만나 이야기를 하였더니 그들 모두 논변이 뛰어나고 옛일에 근거하여 현재의 일을 헤아리며 어떤 말을 하든 핵심을 꿰뚫고 있었다. 군수가 수앙에게 물었다.

"승려 일행 중에 남다른 재능을 가진 자가 있습니까?"

"경론에 정통한 자, 서사書史에 정통한 자, 시사詩詞에 재능이 있는 자, 서예에 뛰어난 자 등 매우 많습니다. 하지만 우리들은 불조의 생사인연生死因緣을 깨닫지 못했습니다. 그래서 어떤 어려운 일이 있더라도 종고 선사를 모시고 수행하는 일입니다."

수앙의 말에 군수는 종고를 따르는 제자들이 한 시대의 인재로서 진리를 위해 자신의 안위조차 잊은 훌륭한 사람들임을 알게 되었다. 그리고 그도 종고에게 귀의하였다.

 중국인들이 가장 좋아하는 사람은 『삼국지』에 등장하는 관우인데, 이는 바로 관우가 지닌 의리 때문이다. 관우상의 얼굴을 붉은색으로 표현하는 것도 바로 이 의리를 상징한다.
 '남자는 자신을 알아주는 사람을 위해 목숨을 바치고, 여자는 자신을 사랑해 주는 사람을 위해 화장을 한다.'는 말이 있다. 여성을 비하하는 듯한 내용이지만, 그만큼 신의를 중시한다는 의미라고 본다. 소납이 종고와 같은 처지에 놓인다면 진정 나를 따를 자, 아니 알아주는 벗이 몇이나 될까? 이런 생각을 하니 괜히 초라해진다.

# 줄탁동시 啐啄同時

3월 초순 학교가 개강하였다. 여러 번 맞이한 개강이지만 매번 개강 전부터 어떤 이미지로 학생들을 만나야 하는지 고민하게 된다. 현 시대에 '가르치는 사람과 학생 사이의 진실함이 존재할까.' 하는 회의감이 들기도 한다. 하지만 나의 작은 언행이 어떤 학생에게는 인생의 길을 제시해 줄 수 있음을 상기할 때, 마음에 담금질을 해 본다.

활안活眼의 한 승려가 배출되는 데도 여러 선지식들과의 만남이 존재한다. 그 대표 되는 선사가 당대의 임제가 아닐까 싶다. 임제는 스승 황벽을 만나 간명직절簡明直截한 기연機緣으로 깨달음을 이루었다.

또 임제의 대오大悟에 빼놓을 수 없는 선사가 바로 대우大愚이다. 황벽이 대중에게 법문하던 중 깊은 산속에서 홀로 수행하고 있는 대우에 대해 언급했는데, 임제가 이 말을 듣고 대우를 찾아갔다.

그날 밤 임제는 대우 앞에서 자신이 알고 있는 경전 내용을 총동원해 마음껏 지식을 발휘했다. 대우는 침묵으로 일관하더니, 다음 날 아침 임제에게 말했다.

"멀리서 나를 찾아온 성의를 봐서 어젯밤에 자네의 말을 들어주었네. 그런데 자네는 예의도 모르고 허튼 소리만 계속 지껄이더군."

그런 뒤 대우는 임제를 몽둥이로 몇 차례 때려 문밖으로 내쫓았다. 임제가 황벽에게 와서 그대로 이실직고하니 황벽이 말했다.

"대우는 자네에게 훌륭한 선지식이네. 이 기회를 놓치지 말게."

임제가 또 대우를 찾아가자, 이번에도 대우는 "염치도 모르고 또 왔네."라고 하면서 몽둥이로 내리쳤다. 임제는 민짓민처럼 또 도망쳤다가 다시 대우를 찾아가 당한 세 번째 몽둥이 세례에 깨달음을 얻었다. 이 이야기가 『조당집』에 전한다.

임제와 관련된 선지식 가운데는 또 한 분이 있는데, 진주 보화鎭州普化, 860~874이다. 보화는 마조의 제자인 반산 보적盤山寶積의 제자이다. 일본 선학자 야나기다 세이잔[柳田聖山]은 보화 선사에 대해 '임제의 사상을 알려면 보화를 염두에 두고 『임제록』을 읽어야 한다.'고 언급하고 있다. 이처럼 보화의 풍광風狂이 담긴 행동과 언어는 임제의 사상 형성에 큰 영향을 끼쳤으며, 보화가 먼저 열반에 들 때까지 선사는 임제의 스승이자, 도반이었다.

 이렇게 몽둥이를 동원한 과격한 스승, 자상한 스승, 도반 같은 선지식이 있었기에 임제는 선종사에 독보적인 존재로 우뚝 서 있다. 선사들의 다양한 제자 지도법이 현 시대의 교육 현장에도 접목될 수 있지 있을까?

 소납은 학부 때 국문학을 부전공으로 하였다. 십 년 전에 세상을 떠난, 「낙화」로 유명한 이형기 시인이 당시 국문과 교수로 재임하고 있던 때 이 교수님 수업을 9학점 수강했다. 예전이라 기억이 정확하지 않지만 교수님은 수업 시간에 출석을 부른 적이 없었고, 강의할 때도 학생들의 반응을 살피지 않고 당신의 시적詩的 세계를 토하였으며, 학생들의 어떤 행동에도 말씀이 없었다. 교수님은 기말고사 감독으로 들어오면 학생들의 양심에 맡기고 책을 보셨는데, 고개 한번 든 적도 없었다. 다른 사람이 그분을 어떻게 평가할지 모르지만, 내게는 틀에 얽매어 있지 않은, 천진스런 대자유인의 이미지로 남아 있다.

 또 한 분의 기억나는 국문과 교수님이 있다. H교수님인데, 바늘로 이마를 찔러도 피 한 방울 나지 않을 만큼의 완벽함과 정확함의 이미지로 남아 있다. H교수님의 어느 강좌는 발표하는 수업이었는데, 한 학생의 발표가 끝나면 교수님은 그 학생이 눈물을 쏙 뺄 만큼 과제물을 평가하셨다. 당시 2학년이었던 소납도 발표 후 다른 학생들과 똑같이 걱정을 들었다.

 두 분 교수님의 강의 기술이나 학생 지도법은 판이하게 달랐지만 지금 생각해 보면 이분들로부터 참 많은 것을 배웠다. 정확하고 엄격했던 분에게서는 학문의 면밀함을, 시인이었던 분에게서는 천연스러운 낭만을 배웠다. 요즘같이 교수 평가가 엄격한 때라면 학생들은 이분들을 어떻게 평가할까? 다양한 부류의 선생들로부터 가르침을 받아야 하건만 그렇지 못한 작금의 학생들이 먼 훗날에 어떤 선생을 삶의 길잡이로 삼을지 노파심이 앞선다.

 선사들의 제자 지도법도 그러하다. 대우 스님이나 덕산 선감은 거칠게 제자들을 대접했던 반면 설봉 의존은 제자들에게 매우 자상한 선사였다. 그런 다양한 선사들이 존재했기에 선종이라는 커다란 거목이 형성되었으며, 이런 거목 아래 벽안의 수행자들이 배출되었다고 본다. 대학도 학점과 스펙이 아닌 인성 교육을 위한 장으로 거듭났으면 하는 바람이다. 스승도 성심聖心을 담고 동시에 학생도 학문적 진실을 추구코자 하는 버진이 되기를 희망한다.

# 눈높이 교육자

부처님 당시에는 고요한 장소인 아란야阿蘭若에서 수행하는 제자들이 많았다. 수행 경지에 오른 제자가 부처님께 '아란야에서 홀로 수행하고 싶다.'고 허락해 달라고 하면, 부처님께서는 대부분 흔쾌히 허락하셨다. 계율제일 우바리Upāli 존자도 대중을 떠나 아란야에서 홀로 수행하고 싶다고 부처님께 간청하였다. 하지만 부처님께서는 우바리의 요청을 반대하며, 다음 비유를 들어 말씀하셨다.

"우바리야, 코끼리가 연못에서 목욕을 하고 있었다. 긴 코를 사용하여 자신의 등과 뒷다리, 귓속까지 깨끗이 씻었다. 이를 유심히 지켜본 토끼가 코끼리가 목욕을 끝내고 돌아가자, 자신도 코끼리처럼 우아하게 목욕을 해 보겠다며 깊은 연못에 들어갔다가 그만 익사하고 말았다. 우바리야! 너는 아란야에서 홀로 수행하는 것보다 대중들과 함께 정진하는 것이 너의 성격이나 천성에 맞을 것 같구나."

또 한 예로 주리반특 Cūḷapanthaka을 제도한 이야기가 있다. 반특 panthaka이라는 형제가 있었다. 형 마하반특은 총명하고 지혜로운 반면 동생 주리반특은 어리석고 아둔했다. 형은 빠른 시간에 아라한과를 얻었지만, 동생은 짧은 게송 하나 암기하지 못했다. 당시 수행자들은 다음 포살 때까지 부처님이 설하신 게송을 암기하는 것으로 되어 있었다. 형은 동생에게 게송 하나를 암기시키려고 갖은 노력을 다했으나 포기해 버렸다. 결국 화가 난 형은 동생에게 '집으로 돌아가라. 너 같은 사문은 부처님의 제자가 될 수 없다.'고 소리 질렀다. 형의 꾸지람을 들은 주리반특이 울고 있자, 부처님께서 그를 보시고 위로한 뒤 직접 지도하기로 하셨다.

부처님께서는 먼저 아난에게 반특을 지도하라고 했지만, 아난도 포기해 버렸다. 마지막으로 부처님께서 직접 주리반특에게 시범을 보이면서 "나는 먼지를 턴다. 나는 더러움을 닦는다."는 문구를 암기시켰다. 이렇게 부처님의 지도로 결국 주리반특은 아라한 경지에 오르게 되었다.

또한 부처님께서는 그 상황과 현실을 적절히 응용해 비유나 예화를 들어 말씀하셨다.

　코끼리 한 마리가 늪에 빠졌는데 사람들이 구조하려고 해도 구하지 못했다. 이 코끼리는 전쟁터에서 행진한 경험이 있었던지라 군악대 악기 연주를 들려주자 스스로 노력해 늪에서 빠져나왔다. 부처님은 이 코끼리에 비유를 들어 제자들에게 이런 말씀을 하셨다.

　"코끼리가 스스로 늪에서 빠져나오는 것처럼 비구들도 번뇌의 늪에서 용감하게 벗어나야 한다."

　또 자스민 꽃이 피었다가 지는 모습을 보고 제자들에게 이런 가르침을 주었다.

　"자스민 꽃잎이 시들어 떨어지면 다시 본 자리에 붙을 수 없듯이 너희들도 모든 번뇌와 망상, 온갖 청정치 못한 것들을 모두 제거하여 다시 붙지 않도록 함으로서 생사윤회의 고통으로부터 벗어나야 한다."

　또 한 번은 스님들이 탁발을 나갔다가 쇠사슬로 손발이 묶인 죄수들을 보았다. 스님들이 탁발을 마치고 돌아와 거리에서 본 것을 부처님께 말하자, 부처님은 이렇게 말씀하셨다.

　"비구들이여, 이 세상 사람들은 끊임없이 자녀를 원하고, 재산과 명예, 먹을 것과 옷, 그리고 오래 살기를 원한다. 이것들은 그대들이 낮에 본 쇠사슬보다 더 강한 애착이다. 이들에 대한 애착은 욕망이 더하면 더했지 절대 줄어들지 않는 법이다. 그러니 지혜로운 사람은 출가하여 수행해 번뇌로부터 벗어나 해탈의 즐거움을 얻고 자유인이 된다."

석가모니 부처님 재세 시에는 부처님을 친견하지 못한 제자가 있을 정도로 사문이 많았다. 부처님께서 열반하신 후, 결집이 필요했던 것은 승려들의 기강이 해이해질 것을 염려한 면도 있지만, 부처님에게 받은 가르침과 계율이 제자들마다 다르다 보니 법과 율에 대한 규제와 통일이 필요했기 때문이다. 그만큼 부처님께서는 그 사람의 적성이나 성격, 교육 배경 등 근기에 맞추어 지도하셨다. 상류층인 바라문에게는 바라문에 맞게, 글을 모르는 하층민에게는 하층민에 맞게, 여인에게는 여인에 맞는 진리를 설해 주셨다. 이렇게 부처님께서 제자의 눈높이에 맞추어 법을 설했다고 하여 대기설법對機說法, 수기설법隨機說法이라고 한다.

　부처님께서는 길을 잃은 제자에게는 길잡이[導師]가 되어 주셨고, 상처 입고 고통 받는 사람에게는 아버지로서 마음을 달래 주었으며, 잘못된 길을 가는 제자에게는 바른 길을 제시한 스승이셨다.

# 수도자와
# 국가 영수의 평행선

  2014년 프란치스코 교황이 한국을 방문했다. 우리나라 사람들이 힘들어하는 시기에 방문한 교황은 많은 사람들의 아픔을 치유해 주었고, 그분의 존재감만으로도 감사하는 이가 많았다. 대학에서 교양과목 수업 중 선사들의 무소유 정신이나 자비 사상을 언급할 때 함께 예를 드는 신부님들이 있는데, 그중 한 분이 이탈리아의 프란치스코Francesco, 1182~1226 성자이다. 현 교황이 이분의 존함을 붙인 것으로 알고 있다.

  13세기 프란치스코는 이탈리아 가톨릭교회 성인으로 수도회를 창립하였고 청빈주의로 수도 생활의 이상을 실현한 분이다. 프란치스코는 새들이나 물고기, 야생동물들과 대화를 나누었는데, 그가 설교할 때 새들이 시끄럽게 지저귀면 사람들은 새들이 조용하도록 해달라고 부탁하였다는 전설이 전한다. 이런 자비로움과 청빈함을 갖춘, 선사와 유사한 이미지여서 학생들에게 예를 들곤 한다.

그런 인물과 같은 이름을 가진 교황이 한국을 방문하는 날, 박근혜 대통령이 공항까지 나가 영접했고 그 모습은 생방송으로 방영되었다. 그 장면을 보니 그 옛날 중국 황제들의 모습과 오버랩되었다.

처음 중국에 불교가 들어온 이래 역경이나 불사 등에는 황제의 비호가 있었다. 중국불교의 최대 역경자는 현장玄奘, 602~664 법사가 아닌 구마라집이다. 이 라집의 한역 경전은 동아시아 불교가 형성되는 데 중요한 역할을 하였다. 중국불교의 금자탑인 경전을 역경할 수 있었던 것도 후진後秦 황제 요흥姚興의 지원이 있었기 때문이다.

라십뿐만 아니라 현상 법사가 인노에서 돌아와 성선을 한역할 때도 고종 황제의 국가적인 원조가 있었다. 그 대신 황제는 현장에게 서역에 관련된 자료를 요청했고, 이때 나온 책이 『대당서역기大唐西域記』이다. 뭇 역경자들이 국가적인 지원을 받았고, 그 대가로 국정을 도왔다. 세계문화유산인 중국의 3대 석굴도 황궁의 도움이 없었다면 조성되지 못했을 것이다.

이렇게 전면에는 황제들의 불심이 있었지만, 그 이면에는 승려를 기용함으로써 생긴 종교적인 이미지로 정권을 유지하고 민심을 모으려는 생각이 강했다. 그 대표적인 인물이 측천무후이다. 용문 석굴 가운데 최고는 봉선사奉先寺 석굴에 있는 비로자나불인데, 이 불상은 측천무후를 모델로 하였다. 또 만불동万佛洞, 543굴 불상은 고종황제와 측천무후를 모델로 하여 제작되었다. 또한 측천무후는 스님들을 황궁으로 초청해 법문을 들었는데, 여기에는 여자의 몸으로 황제의 지위에 있는 자신은 부처의 화신으로서 나라를 다스릴 수밖에 없다고 합리화시키려는 의도도 담겨 있다.

이번에 교황이 한국에 도착하는 날, 공항에서 대통령과 정치 수뇌부들이 영접하는 모습을 보며 '티베트의 달라이라마였다면 어떠했을까?' 하는 망상을 잠시 했었다. 이 영접 모습이 그 옛날 중국 황제들같이 이미지 쇄신을 위해 노력하는 것처럼 비쳐졌기 때문이다.
 그런데 다음 순간, 소납의 모순점을 발견했다. 몇 년 전 달라이라마가 미국을 방문했을 때, 백악관에 초청되어 오바마 대통령과 대담을 나누던 모습이나 유럽 방문 때 대통령이나 총리들이 앞 다퉈 영접하는 모습을 보면서 불교가 세계적인 종교로 인정받는 것에 마음이 뿌듯했었던 것이다. 그러니 얼마나 모순된 인간인가?
 이번 교황 방문을 계기로 천주교의 위상이 높아지는 것은 당연지사다. 불교계도 종도들의 힘을 모아 한국 땅에 달라이 라마를 모실 수 있도록 간절히 발원해 보자.

# 옷과 밥만
# 축내고 있지 않은가?

우리들의 일상 행위를 돌이켜 보라. 불법을 빙자하여 '나다', '남이다' 하는 상을 내고, 명예와 이익만을 쫓으며, 욕망의 풍진 속에 빠져 도와 덕은 닦지 않고 옷과 밥만 축내고 있으니, 이런 그대들이 어찌 출가자라고 할 수 있으며, 출가의 무슨 공덕이 있겠는가? 슬프도다. 3계에서 벗어나기를 원하면서 속세를 벗어날 수행은 하지 않으니 육신은 한갓 남자 몸일 뿐, 그 뜻은 장부의 기개가 아니다. 위로는 진리의 길을 벗어남이요, 아래로는 중생을 이롭게 하지 못하는 것이며, 네 가지 은혜를 저버리고 있으니 진실로 부끄러운 일이로다.

위 내용은 12세기 보조 지눌의「정혜결사문」중 일부분이다. 옛 말씀이지만 수백여 년이 흐른 즉금의 불교계를 따끔히 일갈하고 있다.

고려불교가 정치 사회와 밀접해서, 명리名利만을 탐할 때, 지눌이 일으킨 정혜결사定慧結社는 선종 입장에서 자각한 운동이다. 지눌은 우리나라에서 원효에 버금가는 분으로 그의 선 사상이나 수행 가풍은 한국 선의 근간이요, 조계종의 연원을 이룬다. 그의 선 사상은 800여 년이 흐른 오늘날까지 그 영향력을 발휘하고 있다.

보조 지눌이 활동하기 이전이나 당시는 시대적으로나 불교사적으로 매우 혼란한 시기였다. 고려 초기부터 승통僧統이나 국사는 왕실 가족이나 문벌귀족 출신들이 많았다. 비근한 예로 문벌귀족 출신인 혜덕 왕사 소현韶顯, 1038~1096은 왕족 사찰인 현화사玄化寺 5대 주지였다. 이외에도 왕실이나 귀족과 친분 있는 교종 승려들은 세금을 면제받고 토지와 농노를 겸병하며 노비를 사유하다 보니 이익 집단으로 인식되기도 하였다.

이런 상황에서 무신들은 왕권과 문신들을 상대로 반란을 일으킨 뒤 정권을 장악했다. 자연히 기득권이었던 왕권과 문신들의 옹호를 잃게 된 승려들은 무신 정권에 반대하였고 그 때문에 살해당하는 일이 빈번했다. 이는 승려들이 정치적인 노선을 걷고 있었다는 뜻이며, 승풍은 해이했고, 이권 다툼으로 부패한 승가였음을 반증한다.

인도 아쇼카왕 때도 출가 승려들이 계율을 함부로 어기고 안이하게 생활할 때, 장로들이 교설의 확장과 승가 화합을 위해 아쇼카 왕의 도움을 받아 고군분투하였다. 중국에서 일어난 법난도 대체로 승가 내부에서의 자정自淨 능력을 상실했기 때문이다. 부처님 열반 후 불교사를 볼 때 어느 나라, 어느 시대이든 간에 위기에 처하지 않았던 적은 없었다. 그 원인은 승려들 각자가 자신의 본분사를 잊었기 때문이다.

지눌은 스스로 호를 '목우자牧牛子'라 하였다. 목우자란 '소 치는 사람'이라는 뜻으로 〈십우도〉 중 네 번째에 해당한다. 선사께서 스스로 목우자라 칭했던 데에는 끊임없이 자신의 마음을 길들이고자 했던 구도심이 담겨 있다. 한마디로 수행자로서 본분사를 지킨 귀감이라고 볼 수 있다.

명나라 때 운서 주굉도 당시 명리를 탐하고 수행을 멀리하는 이들을 경계하는 글들을 많이 남겼다. 주굉이 당시 승려들에게 일침했던 내용을 보며, 자기 자신을 한번 돌아보자.

> 명리를 면할 수 없는 것임을 알면 무엇을 기뻐할 것인가? 또한 자신이 얻었다고 해서 기뻐할 것도 없고, 남이 얻었다고 해서 시기할 것도 없다. 명리를 면할 수 없는 것임을 알면, 무엇을 시기하랴? 모두 숙생의 깊은 인연으로 그렇게 되는 것이니, 일체의 바깥 경계가 허공과 같은 줄을 알아서 이기고 지는 것, 영리하고 둔한 것에 마음을 담박히 하여라.

승려로서 출가 본분에 충실하다면 어찌 타인의 허점이 보이겠는가? 자신이 명리를 추구하니까 명리를 가진 자의 그릇됨이 보이는 것이다. 무엇보다도 승가의 일원이라는 점을 자각하고, 서로를 헐뜯고 비방하는 것만은 아니했으면 하는 바람이다. 결국 자신은 말할 것도 없고, 승가 모두를 욕보이는 일이라는 점만 기억해 두자.

제6부

# 의자가 없으면
# 4대 육신을 빌려 주시오

# 자신의 미래 업을
# 결정해 가는 주인공

펜실베이니아대 교수인 마틴 셀리그먼Martin Seligman은 긍정심리학Positive Psychology의 창시자이다. 셀리그먼 교수는 수년 전에 '학습된 무력감learned helplessness'이라는 실험을 진행했다. 실험 내용은 다음과 같다.

상자에 개를 집어넣고 바닥에 전기 충격을 가한다. 개는 그런 상황에서 벗어나고자 발버둥을 친다. 그러나 아무리 발버둥 쳐도 그 전기 충격을 피할 수 없음을 경험한다. 그런 경험을 한 개는 안전한 곳으로 피할 수 있는 상황이 되어도 안전한 곳으로 옮겨 가지 않는다. '아무리 발버둥 치고 노력해도 안 된다.'는 무력감이 학습된 것이다.

 또 다른 실험을 보자. 닭의 다리에 끈을 달아 말뚝에 매어 두고 주위에 하얀 백색 가루로 원을 그려 놓는다. 닭이 처음에는 그 원에서 벗어나고자 발버둥을 치지만 결국 포기한다. 수여 일 뒤에 말뚝에서 끈을 풀어주어도 닭은 그 백색 가루로 그려진 원을 벗어나지 않는다. 닭 또한 학습된 무력감에 길들여진 것이다.

 샐리그먼 교수의 '학습된 무력감'을 대하면서 순간 뇌리에 무언가 '탁' 하고 스치었다. 과연 축생에게만 이런 현상이 나타날까? 실은 인간도 이런 학습된 무력감과 경험에 안주해 살고 있는 건 아닐까? 과장된 억설일지 모르겠지만, 이런 학습된 무력감에서 벗어나는 그 자체가 그릇된 삶의 방식을 탈출하는 것이라고 생각한다.
 이 실험 원리는 구태의연하게 타성에 젖어 사는, 혹 자신을 개발하지도 진보시키지 못하는 인간의 깜마kamma, 곧 업業에 묶여 사는 것과 같다. 업이란 연기실에 기초하는데, 한 인간의 삶이란 시공간의 연기 속에 놓여 있다.
 시간적으로, 한 사람의 지능이나 성격, 취미 등은 우리가 태어나기 이전, 과거세부터 비롯된 현재의 존재이다. 또 공간적으로 인간은 자신이 살고 있는 국가, 부모, 교육받은 곳 등의 유기적인 관계 속에서 영향을 받는다.
 즉 한 사람의 삶은 과거의 인격적, 도덕적, 정치·경제적, 문화적으로 연기된 시·공간 속에서 자신의 과거 경험으로 축적된 업의 총화인 것이다.

그렇다면, 사람이 업으로 축적된 응결체라면 정해진 업대로 살아야 하는가? 사람들 중에는 불교를 마치 옛날 할머니들이 말하는 팔자 개념, 혹은 숙명대로 받아들이는 것이라고 보는 경향이 있다. 그러나 불교의 업설은 전혀 그렇지 아니하다. 팔자 개념대로 살아야 한다면 불교를 왜 믿고, 종교를 왜 가지겠는가?

불교에서 말하는 업은 과거에 자신이 만든 경험의 총화이지만, 현재 자신에게 벌어지는 일들은 얼마든지 바꿀 수 있는 주체를 가지고 있는 적극적인 진리의 업설이다. 여기서 말하는 '주체'란 실체화된 이미지[自我]가 아니라 업을 제어할 수 있는 '의지'라는 뜻이다. 앞의 학습된 무력감에 비추어 보면 학습된 무력감에서 탈피해 진보된 존재로서 주체의식을 가지라는 것이다.

부처님께서는 과거의 업은 피할 수 없다고 하셨지만, 과거 업을 수용하고 참회함으로서 현재의 자신을 조금이나마 개선할 수 있다고 하셨다. 또한 시시각각 선과 악을 선택하면서 현재를 살고 있는 그대도 얼마든지 선업善業으로 자신의 미래를 바꿀 수 있는 의지력을 가지고 있다.

우리는 몸과 입과 뜻으로 짓는 경험에서 선한 쪽으로 자신의 미래 업을 결정해 가는 주인공이다. 중생의 습성은 자신에게 주어진 상황과 견해의 틀에 갇혀 전환하지 못하는 경향이 있다는 것이다. 그러니 자신의 고정화된 관념이나 개념이라는 틀을 내려놓고, 집착심을 갖지 않는 것, 자신이 살아온 삶을 다른 방식으로 전환시키는 것이 중요하다고 본다. 바로 이것이 앞의 '학습된 무력감'과 같은 업에서 벗어나는 것이다.

 현재보다 더 나은 자신을 위해 수행함은 바로 하루의 윤회에서 벗어나는 해탈이요, 더 나아가서는 1년의 윤회에서, 10년의 윤회에서 벗어나는 지름길이다.

# 억겁 만겁의 소중한 인연
# 부모

명나라를 대표하는 선사 한 분을 꼽으라고 한다면 단연코 운서 주굉을 꼽을 것이다. 주굉은 27세에 아버지를 여의고, 30세에 어머니 상을 당했다. 주굉은 매우 슬피 울며 '어버이의 은혜는 망극하다. 내가 이 은혜를 갚으려면 바로 이 길밖에 없다.'고 생각하고 출가를 결심했다. 1565년 섣달 그믐날, 주굉은 부인 탕(湯)씨와 차를 마시며 이렇게 말했다.

"은애(恩愛)란 허망한 것이요, 생사는 어느 누구도 대신해 줄 이가 없소. 나는 이 집을 떠나 출가하려고 하니, 그대는 스스로 갈 길을 정하십시오."

부인은 주굉의 말에 놀라지 않고 담담히 말했다.

"당신이 먼저 떠나십시오. 저도 출가할 예정입니다."

부인 탕씨는 이생의 마지막 인연이 될 남편을 먼저 보내고, 가산을 정리한 뒤 출가하였다. 그녀는 법명을 주금株錦이라고 했으며 효의암孝義庵에 살았는데, 행실이 청정하고 고귀하여 '보살 비구니'라고 불렸다고 한다. 부인은 주굉보다 한 해 먼저 입적하였다.

이렇게 부모님이 돌아가시자마자 부부가 동시에 출가한 예가 또 있다. 두타제일 가섭 존자이다. 가섭은 일찍이 출가하려는 마음이 간절했으나 부모님의 간곡한 부탁으로 출가하지 못했다. 존자는 부모님이 돌아가신 뒤, 가산을 정리해 하인들에게 나누어 주고 부인과 함께 출가자의 길을 걸었다.

주굉은 32세에 서산西山의 무문 성천無門性天 문하에 출가하였다. 출가 후 주굉은 행각을 하였는데, 행각 중에도 모친의 3년상이 끝나지 않아 걸망 속에 늘 위패를 모시고 다녔다. 그러면서 공양 때는 먼저 어머니께 인사를 올리고 공양을 하였다고 한다.

중국 근현대 선지식 허운은 양 무제의 후손으로, 19세에 출가하였다. 허운은 43세에 절강성浙江省 보타산을 출발해 산서성山西省 오대산까지 3보 1배 배행拜行을 하였다. 이렇게 절을 한 이유는 태어나자마자 돌아가신 어머니와 자신의 출가로 인해 화병으로 세상을 떠난 아버지의 은혜를 갚기 위해서였다. 허운이 3보 1배를 마치는 데는 3년이 소요되었고 전체 거리가 4,000킬로미터에 해당한다. 또 허운은 58세에 절강성 영파 아육왕사에서 부모의 은혜를 생각하며 부처님 사리에 하루 3,000배를 하여 백만 배를 채운 뒤, 소지공양을 하였다.

허운에게서 위앙종 법맥을 받은 선화宣化. 1918~1995 선사는 미국에서 포교를 하여 미국불교사에 큰 획을 그은 인물이다. 선화는 19세에 모친이 세상을 떠나자 바로 출가해 사미계를 받고, 모친의 산소 옆에서 3년간 시묘살이를 하였다. 이처럼 승려들의 부모공양은 지극했다.

한국의 효자 스님으로는 조선 시대의 진묵1562~1633이 있다. 스님은 소석가小釋迦로 칭해질 만큼 수행 면으로도 인정받았으며 불자가 아닌 일반인들에게도 널리 알려져 있다. 진묵 스님은 홀로된 모친을 사찰에서 모시고 살았다. 어느 날 그의 어머니가 '아들이 출가해 대가 끊어졌으니 내 묘소를 누가 지켜줄 것인가.'라고 탄식하자, 스님은 어머니께 걱정하지 말라고 하였다.

스님의 어머니 묘소는 현재 전북 김제 성모암聖母庵 내에 위치해 있는데, 스님의 말대로 불자들의 발길이 끊이지 않고 있다. 또한 사찰이 창건되기 전에는 자기 집 벌초를 하기 전에 진묵 대사 어머니 묘를 벌초하면 좋은 일이 생긴다고 하여 인근 마을 사람들이 서로 다투어 보살폈다고 한다.

불교가 중국에 전해진 이후 몇 차례의 법난이 있었다. 그때마다 승려가 출가함으로서 부모를 봉양하지 않을 뿐만 아니라 삭발하는 문제가 유교 문화와 충돌하였다. 이 점을 보완하기 위해 중국에서는 불교에서도 효를 강조하게 되었고, 이런 취지에서 『목련경』이나 『부모은중경』 등이 편찬되기도 하였다. 또한 목련 존자 이야기는 경극 주제 중 가장 인기 있는 내용이다.

　하지만 불교에서의 효 강조가 중국에서 시작된 것은 아니다. 불교 사상이 인연설을 중시하는 만큼 부모와의 인연을 각별하게 여긴다. 부처님도 어머니 마야 부인을 위해 도리천에 올라가 세 달 가량 머물다 내려오기도 하셨고, 제자들에게도 이렇게 말씀하셨다.

> 비구들이여, 반드시 알아야 한다. 부모의 은혜는 매우 위대하다. 우리들을 안아 길러 주셨고, 수시로 보살펴 시기를 놓치지 않고 병을 살펴 주셨기에 저 해와 달을 볼 수 있는 것이다. 이렇게 부모의 은혜가 막중하므로 은혜 갚는 것은 참으로 어려운 일이다. 그러니 비구들이여, 너희들은 마땅히 부모에게 공양해야 할 것이요, 항상 효도하는 시기를 놓치지 않아야 한다.
>
> 　　　　　　　　　　　　　　　(증일아함, 「선지식품」)

　이렇게 부처님을 위시해 스님들도 출가자라고 하여 부모를 멀리 한 것이 아니라 인연을 귀하게 여겼다. 이런 소중한 인연을 귀하게 여김에서 발단된 사상이 후대에 불교의 백중 의식으로 자리 잡은 것이다.

# 수행의 연륜에서 나온
# 자애로운 관점

 겨울이 채 가시지 않은 얼마 전, 대리 출석하게 된 직할 교구본사 주지 회의를 마치고 인사동에서 대학교 동창 스님들과 차를 마셨다. 회의 때 승려 복지 문제가 거론되었던지라 자연스럽게 스님들과 대화 도중 나온 주제가 요즘 출가자의 연령이었다.
 한 스님은 '우리는 출가를 일찍 해서 승려 노후 문제나 승가 발전에 관심을 갖고 있는데, 근래 출가자들은 승가의 위기의식을 잘 느끼지 못하는 것 같다.'는 우려 섞인 말을 하기도 하였다. 소납도 근래 매우 실감하고 있던 터이다. 동국대학교의 학인 스님들을 보면, 사미·사미니들이 예전에 비해 많은 편이고, 20여 년 전 소납

이 대학 다닐 때와는 다르게 스님들의 연령 또한 매우 높은 편이다. 출가한 연령이 높다 보니, 수업 중 학인 스님들에게 노파심 담긴 말을 하게 되고 승가를 걱정하게 된다.

 이런 대화를 나누고 며칠 후, 범어사 무비 스님께 인사드릴 일이 있었다. 스님께서 서울에 올라오셨을 때 찾아뵙고 대화를 하면서 근래 출가자들에 대한 말이 나왔다. 스님께서는 "지금 출가자가 감소하는데, 늦은 나이나마 출가한 학인들께 감사하다."는 말씀을 하셨다.

 또 혜국 스님께서는 매년 조계종 기본선원에서 사미들을 상대로 강의하실 때 "요즘 같은 세상에 출가해 참선하겠다는 마음을 가지고 있으니 고맙다."는 말씀을 자주 하신다고 한다.

 또래 스님들과 대화를 할 때와는 전혀 다른 어른 스님의 지애至愛로운 말씀을 듣고 감동하지 않을 수 없었다. 수행의 연륜은 이런 데서 차이가 있었던 것이다. 똑같은 현상을 두고, 바라보는 관점과 마음가짐의 차이를 깊이 새기는 계기가 되었다.

 이 점을 상기하며 떠오른 스님이 있다. 중국의 본환 선사이다. 본환 선사는 근현대 중국의 선지식인 허운 선사의 제자로, 23세에 출가해 1948년 40세가 넘어 허운 선사로부터 법맥을 받은 임제종 44세이다. 중국이 1949년에 사회주의화된 이래 스님은 승려로서의 위치를 고집하다 1958년부터 1980년까지, 22년간 감옥 생활을 하였다. 출옥 후 노구의 본환 선사는 중국 수여 곳의 사찰 불사를 담당하였다.

스님께서 백 세가 되던 해 생신 축하 겸 전계(傳戒) 법회가 있었는데, 이때 기자가 스님에게 물었다.

"인생의 귀한 시간을 감옥에서 보냈는데, 원망하는 마음은 없었습니까?"

"나는 감옥에 있는 동안 다른 사람을 원망해 본 적이 없습니다. 다만 나 자신을 참회했습니다. 다른 사람을 원망하는 것은 잘못된 일입니다. 모든 것이 다 나의 업에 의한 것으로 받아들여 당연한 일로 여겼습니다.

어찌 보면 폭동으로 내가 갇혀 있었던 것은 나를 보호한 것이었습니다. 내가 만약 그때, 옥중이 아니라 비판받는 환경에 있었다면 난 더 힘들었을 것이고 죽었을지도 모릅니다. 내가 옥중에 있었기 때문에 나를 비판한 사람이 없었고 아무도 나에게 상처를 주지 않았으니, 나는 보호받을 수 있었습니다. 또한 그렇게 보호받았기 때문에 지금 20여 년 동안 불법을 펼칠 수 있는 것이 아니겠습니까? 나에게 좋지 않았던 일이 오히려 훗날 좋은 쪽으로 전환된 것이지요."

본환 스님의 긴 인터뷰 내용을 옮겨 오면서 생각해 본다. 말 그대로 스님에게는 지옥도 처처(處處)가 수행하는 극락 도량이었다. 주어진 상황을 긍정적으로 받아들여 수행하는 도량으로 만들고, 힘든 역경의 시간을 수행하는 과정으로 받아들여 당신에게 해를 끼친 이들에게 오히려 감사하였다.

　근래 출가자에 관해서도 젊은 승려들이 바라보는 관점에 우려와 염려가 있다면, 어른 스님이 보는 관점은 감사와 자비로 점철되어 있다. 이런 점이 바로 수행의 연륜에서 나온 진정한 자애요, 수행의 바탕에서 나온 지혜가 아닐까.

# 진정한
# 도반의 의미

　중국에서 번역된 경전은 현장 법사를 기준으로 구역과 신역으로 나뉜다. 현장 이전의 대표적인 번역가인 구마라집 번역본은 구역舊譯에 해당되고, 현장 이후의 경전을 신역新譯이라고 한다. 구마라집은 서역 사람이고 현장은 중국인인데, 대체로 현재 유통되고 있는 경전은 구마라집이 번역한 것이다. 신역본보다 구역본의 문장이 매끄럽고 번역도 훨씬 뛰어나기 때문이다. 또한 학자들의 보편적인 설에 의하면, 불교가 중국에 유입된 이래 도교적인 성향에 견주어 한역되었는데, 구마라집 이후 격의불교가 사라졌다고 한다.
　라집은 귀자국龜玆國 사람으로 초기불교 및 대승불교 경전에 해박

하여 인도 및 서역에 명성이 자자했다.* 도안이 전진前秦왕 부견에게 라집을 추천하여 라집이 중국에 오게 되었다. 당시 라집은 젊은 청년이었고 도안은 나이가 많은 노승임에도 불구하고, 도안은 라집의 뛰어남을 인정하며 존중해 주었다. 라집 역시 도안을 '동방의 성인'이라 칭하며 흠모하였다. 도안이 불교 공부나 번역하는 일을 훈련시켰던 사람들은 훗날 라집 밑에서 역경 일을 도왔다.

라집에게는 제자가 수백여 명이 있었고, 당시 양자강 아래 여산의 혜원도 라집의 소문을 들었다. 라집과 혜원은 서로 편지를 주고받으며 법연法緣을 맺었다. 라집은 한 서신에서 혜원에게 이런 내용을 보냈다.

> 승려의 재산은 다섯 가지인데, 복덕福德·지계持戒·박문博聞·변재辯才·심지深智입니다. 이들을 다 갖춘다면, 도가 융성하고, 다시는 의심이 일어나지 않을 것입니다. 스님께서는 이 다섯 가지를 모두 갖추고 있습니다. 스님이야말로 동방의 호법 보살입니다.

어느 해 북방에서 온 승려가 혜원에게 '구마라집이 서역으로 다시 되돌아가고 싶어 한다.'고 하자, 혜원은 곧 라집에게 편지를 보내어 '중국 사람들을 위해, 중국불교를 위해 이 땅에 꼭 남아 달라.'는 간곡한 부탁을 하였다. 이후 혜원은 라집에게 서신을 보내어 법에 관해 자주 물었다. 이렇게 라집과 혜원 사이에 18번이나 오고간 편지가 『대승대의장大乘大義章』에 그대로 실려 있다.

이렇게 진리를 근저로 인연을 맺은 승려들이 또 있다. 의상과 법장이다.

신라의 의상義湘, 625~702 대사는 화엄종의 2조 지엄智儼, 602~668 문하에서 법장法藏, 643~712과 함께 동문수학하였다. 서안 지상사至相寺에서 지엄이 의상에게는 의지義持, 법장에게는 문지文持라는 호를 주었다고 한다. 의상이 신라로 돌아온 뒤 법장이 화엄종의 3조가 된 것에 대해 이설이 많지만, 여기서 그 문제는 배제한다. 의상이 신라로 돌아온 이후에도 두 스님은 각별한 인연을 이어갔다.

의상이 신라에 머문 지 20여 년이 되던 해, 법장은 자신의 문하에서 공부하고 신라로 돌아가는 승려 승전勝詮 편에 자신의 저술과 편지 및 선물 등을 보냈다. 당시 보낸 편지에는 안부 인사와 더불어 자신의 저술에 대해 조언해 달라는 내용이 있었다. 이 편지가 11세기 후반 어느 승려에 의해 송나라로 건너갔고, 중국 베이징 유리창서울로 하면 인사동 골목에 나타났다가 대만을 거쳐 지금은 일본의 천리天理 대학에 보관되어 있다고 한다.

의상은 법장보다 18세나 연상인 데도, 법장에 대해 '나의 식견을 넓혀 주는 이는 장공藏公'이라고 표현하였고, 법장은 편지 서두에 의상을 '부처님 멸후, 불법을 빛내고 법륜을 다시 굴려 불법을 오래 머물게 할 이는 오직 법사뿐이다.'라고 칭찬하였다.

라집과 도안, 라집과 혜원, 의상과 법장의 법연이 아름다운 것은 상대방에게 진심으로 법을 구하는 겸허함 때문이요, 자신의 위치를 내세우지 않고 진심으로 상대를 존중해 주는 겸양 때문이다.

과연 이런 행동이 말만큼 쉬울까? 법랍과 연륜을 내세워 상대에 군림하려는 아상我相을 어찌 제거할 것인가? 먼 산을 한참이나 바라본다.

- 아버지는 인도 바라문 종족이며, 어머니는 귀자국 왕의 딸이다. 구마라집은 귀자국에서 출생하였는데, 그가 어렸을 때 어머니가 출가하였다. 전진왕 부견이 라집을 중국으로 데려왔는데, 마침 이 무렵 전진이 패망하였다. 이때 라집을 데리고 오던 신하 여광(呂光)이 양주(涼州)에서 나라를 세우고, 라집을 그곳에 17년간 머물게 하였다. 이후 후진(後秦)이 양주를 쳐서 후진왕 요흥(姚興)이 401년 구마라집을 장안(長安)으로 데리고 와 국사로 모셨다. 이때 라집은 소요원(逍遙園)에 머물면서 경전을 역경하였다.

# 의자가 없으면
# 4대 육신을 빌려 주시오

 동림 상총의 법맥을 받은 문장가 소동파는 젊어서 관직으로 지방을 전전할 때마다 그 지역 선사들과 인연이 많았다. 소동파가 황주黃州로 옮겨가 살 때, 여산盧山의 귀종사歸宗寺에 머물던 불인 요원 선사를 만났다. 그리고 운문종 선사인 불인 요원과 도와 시를 나누는 절친한 도반이 되었다. 어느 날 소동파가 선사의 방에 들어가니 의자가 한 개만 있었다. 선사가 말했다.
 "오늘은 의자가 한 개밖에 없으니, 미안하지만 아무데나 앉으시지요."
 "의자가 없다면 화상의 4대四大 육신을 빌려 주시지요?"

"산승이 문제를 낼 터이니 알아맞히면 대관에게 의자가 되어 주고, 맞히지 못하면 대관께서 그 옥대를 끌러 주십시오."

"네, 스님. 그렇게 하지요."

"대관이 산승의 4대 육신을 빌려 앉겠다고 했는데, 그 4대란 본래 공空한 것이요, 5온이란 있는 것도 아니거늘 대관은 어디에 앉겠습니까?"

결국 소동파는 한 마디도 못하고, 선사에게 옥대를 풀어 주면서 말했다.

"화상께서 자비를 베풀어 미혹한 제게 가르침을 주십시오."

"일체 사량분별을 쉬고 또 쉬십시오."

컨디션이 조화롭지 못하거나 감기로 고생할 때는 소동파와 불인선사의 법거량을 떠올리곤 한다. 5온색(色)·수(受)·상(想)·행(行)·식(識)이 잠시 반연되어 모였을 뿐이요, 인간의 육신이 지·수·화·풍 4대로 뭉쳐신 가죽 주머니이거늘 그 '아프다는 자'는 누구인가? 진정 아픈 것은 '마음'이 아픈 것인가? '몸'이 아픈 것인가? 몸이 아프다면 지대가 아픈 것인지, 수대인지, 화대인지 아니면 풍대가 아픈 건지 한참이나 궁구해 본다. 물론 5온이 공이요, 무아라는 사실은 꿈에서도 설명할 수 있을 만큼 내게 각인되어 있는 이론이다.

그런데 소납이 공부한 이론과 현실의 괴리감이 좁혀지지 않는 일이 생겼다. 근래 가까운 지인이 뇌졸중으로 쓰러졌다. 보름 동안 혼수상태로 있다가 깨어났지만, 정신이 온전하지 못하다. 수족을 마음대로 쓸 수 없으며, 언어 구사도 예전만큼 되지 않는 상황이다. 앞으로 어느 정도까지 회복될지도 미지수이다. 이분은 소납과 20년 가까이 지낸 분으로 소납이 어려울 때마다 도와주었던 분이다. 웃음소리도 유난히 컸고, 예쁜 것은 취하고 싶어 하는 소녀 같은 보살님이었다. 이분이 쓰러지기 이전의 모습과 목소리, 웃음소리가 불쑥불쑥 떠오른다. 그러면서 '그 목소리와 웃음소리는 어디로 갔을까?', '늘 나를 염려해 주던 근심어린 눈빛은 어디로 갔을까?' 하는 생각이 든다.

마침 간호사 근무 경험이 있는 국문과 3학년 학생이 제출한 이런 내용의 과제를 읽었다.

> 인간의 육체는 사실상 닭이나 돼지와 다를 바가 없음을 깨달았다. 중환자실에서 생사의 경계에서 막 죽은 사람의 몸을 물수건으로 닦아 내고 사후처리를 하기도 하였다. '살아 있는 자들의 울부짖음', '죽은 자의 말없음'이 공존하는 속에서 나는 삶과 죽음을 성찰하였다.

이 친구의 과제를 읽으면서 가슴이 먹먹했다. 삶의 실상을 너무 이론적으로만 받아들였다는 자괴감이 나를 휘감았다.

인간으로서 역할을 할 때의 존재는 무엇이고, 삶의 본질이란 무엇인가? 부처님께서도 루빠난다와 케마 비구니가 출가 전 미모에 집착할 때, 부정관不淨觀으로 육신의 실상을 깨닫도록 해 주었다.

'5온가화합_五蘊假和合_의 인간'이라는 존재는 찰나를 살고, 찰나에 죽는다. 찰나 찰나에 생사를 반복하는 속에서 '나'라는 존재는 잠시 반연되어 구성되었다가 사라지는 가변의 존재인 것이다. 몸의 구성원_색, 4대_이 변하고 마음_수·상·행·식_조차 여일하지 못한데, 무엇을 그리도 집착하고 애착한단 말인가?

그래서 『금강경』에서는 "일체 모든 것은 꿈, 허깨비, 물거품, 그림자와 같으며 이슬과 같고 순간 번쩍이는 번개와 같나니, 반드시 이렇게 관찰하라."라고 하였으리라.

"4대란 본래 공한 것이요, 5온이란 무아이거늘 그대는 누구인가?"

---

- 루빠난다의 원래 이름은 자나빠다 깔랴니(Janapada Kalyāṇī)로 어릴 때부터 용모가 매우 아름답다고 하여 '루빠난다'라고 불렸다. 그녀는 부처님의 이복동생인 난다 왕자의 신부였는데 난다가 결혼식 전날 출가해 버려 결혼식도 못하고 홀로 살다가 훗날 억지로 출가해 정각을 이루었다.
케마(Khemā)는 출가 전 마가다국의 왕비였던 이로, 비구니 가운데 '지혜제일'이라 칭한다.

# 큰 소리로 염불하면
# 힐링이 된다

인광印光, 1862~1940 스님은 중국 근현대 정토종을 발달시킨 최고의 고승으로 꼽힌다. 인광의 정토 사상은 한국에도 널리 알려져 있는데, 스님의 정토법문淨土法門 중에 이런 내용이 전한다.

염불할 때는 입으로 정확하게 소리 내야 하고, 귀로는 자신의 염불 소리를 정확하게 들으며, 마음으로는 부처를 정확하게 염해야 한다. 이렇게 마음·귀·입, 세 가지가 일체가 될 때, 몸과 마음에 안정을 되찾게 되고 다른 경계에 흔들리지 않는다.

인광 스님 말씀을 정리해 보면 염불할 때 소리를 내서 그 소리를 자신이 귀로 듣고, 마음으로는 부처님을 생각하라는 뜻이다. 경전을 독송할 때도 이 방법을 고수하는 것이 좋다.

염불과 경전 독송은 입으로 소리를 내는 의식으로, 책을 소리 내어 읽는 낭독과 유사하다. 과학적 실험으로 증명된 낭독의 효과와 효능을 살펴보고, 염불의 방법 및 공덕과 견주어 살펴보자.

김보경 씨의 『낭독은 입문학이다』라는 책에서는 책을 소리 내어 읽는 낭독의 장점에 대해 언급하고 있다. 그런데 저자의 말에 의하면, 자신이 책에서 언급하기 이전에도 '낭독 독서에 심리적 치유 효과, 마음 안정 효과, 적절한 판단능력 향상 효과 등이 있다.'는 실험 결과가 이미 발표된 바가 있었다고 고백한다. 저자가 밝힌 낭독의 효과에 대해 간단히 정리해 보기로 한다.

2013년 9월 SBS에서 다큐스페셜 〈함께 읽는 독서의 맛〉이 방영되었다. 이 다큐에서는 소리 내어 읽는 낭독이 뇌파에 어떤 영향을 끼치고, 마음에 어떤 변화가 발생하는지를 실험하였다.

숭실대학교 소리공학연구소에서 중학생 두 명을 대상으로 실험을 진행하였다. 두 학생들이 낭독 독서를 할 때와 스마트폰 게임을 할 때 뇌에서 나오는 파장에 대해서 알아보는 실험이었다. 두 학생 모두에게 낭독 독서를 시켰을 때는 아주 차분하고 안정적인 뇌파인 알파파가 기록되었다. 그런 반면 두 학생 모두 스마트폰 게임을 할 때는 매우 불안정한 뇌파가 측정되었다. 즉 소리 내어 독서를 할 때, 나타나는 파장이 정신적으로 힐링 상태와 같은 알파파였다는 실험 결과였다.

인간의 뇌는 항상 알파파 상태를 원한다고 한다. 고요하고 안정적인 상태에서 건강하고 합리적인 판단이 나오고 적절한 의사결정과 선택이 이루어지기 때문이다.

또한 앞에서 실험했던 두 학생은 가천의과대학 뇌과학연구소에서 진행된 뇌 활성 정도 측정에도 참여했다. 낭독 독서를 할 때와 묵독 독서를 할 때를 비교하는 실험이었다. 실험 결과는 예상대로 낭독 독서를 할 때 뇌의 전두엽<sub>종합적이고 직관적인 판단능력을 총괄하는 학습 뇌</sub>과 여러 뇌의 기능이 크게 활성화되었다. 반면 묵독 독서를 할 때는 활성화 정도가 낭독 독서 때보다 매우 낮은 것으로 나타났다.

이 실험을 진행한 최상한 박사에 따르면 묵독이나 낭독은 모두 시각 영역과 함께 언어 관련 영역인 베르니케 영역이 활성화된다고 한다. 그런데 전두엽 기능 평가 실험 결과에 따르면, 낭독을 실시한 후 기억력이 20% 향상되었고, 낭독이 뇌를 워밍업시킴으로서 뇌가 평소보다 활발하게 능력을 발휘하였다고 한다.

동물들과 다르게 사람의 뇌는 책임과 기능을 가지고 있다. 뇌가 번뇌롭거나 정신적으로 힘들면 다른 사람들과 다툼이 끊이지 않는다고 한다. 바로 이런 상태에 빠지지 않기 위해서 인간은 전두엽이라는 뇌 부위를 활성화시켜야 한다는 것이다. 이성과 정서적 판단을 융합한 종합적 판단과 직관력을 총괄하는 뇌인 전두엽이 활성화되면 마음의 상처도 치유되고 동시에 상황에 맞게 적절한 판단을 하는 능력도 상승하게 된다. 따라서 전두엽은 낭독 독서를 통해서 더 크게 활성화될 수 있다.

  모두 실험에 의한 결과들인데, 결론적으로 정리해 보기로 하자. 곧 소리 내어 읽는 독서는 마음의 상처를 치유해 주고, 정서적으로 안정되며, 이성적인 판단을 할 수 있도록 전두엽을 발전시킨다고 볼 수 있다. 또한 낭독할 때, 오감이 만족하고, 뇌 기능 향상에 효과가 있다.*

  염불할 때 신·구·의 세 가지를 모두 활용하는 데 있어 과학적으로 증명된 이론을 한 번쯤 염두에 두자. 불교 수행법은 그 시대 사람들의 근기에 따라 변화되는 것도 타당하다고 본다. 또한 적합한 방법이 있다면 수행법에 활용하는 것도 좋을 것이다. 큰 소리로 염불하고 그 소리를 듣는 것만으로도 힐링이 된다고 하는데, 염불이나 경전 독송에 최대한 활용해 보자.

---

* 김보경, 『낭독은 입문학이다』(현자의마을, 2014), pp.122~129 참조.

# 훌륭한 의사는 치료해 주지 않고
# 팔짱만 끼고 있다

위앙종 종조 위산 영우의 제자 가운데 향엄 지한香嚴智閑, ?~898이 있다. 지한은 경전 및 유학에도 매우 해박하였다. 어느 날 스승 영우가 지한에게 물었다.

"그대는 경전 구절에 의지하지 말고, 부모미생전父母未生前 본래면목本來面目을 한번 말해 보게나."

지한은 스승의 질문에 아무 답변도 할 수 없었다.

"내게 대답해 줄 수 없으니, 그대가 직접 궁구해서 답을 찾아야 하느니라."

스승 입장에서 볼 때, 지한이 뛰어난 근기의 소유자인데도 발심하지 못한 것을 안타깝게 여겨 그렇게 말한 것이다. 지한은 답변에 고심 고심하다가 만행을 떠났다. 만행 중에 남양 혜충南陽慧忠, ?~775 국사가 상주했던 향엄사香嚴寺, 하남성(河南省) 석천(淅川)에 머물렀다.

그러던 어느 날, 지한은 마당을 쓸다가 기와 조각이 떨어지면서 대나무에 '딱!' 하고 부딪치는 소리를 듣고 깨달았다. 지한은 스승이 있는 쪽을 향해 절을 올리며 이렇게 말했다.

"화상의 대자대비한 은혜는 부모의 은혜보다 더 지중합니다. 그 당시 나를 위해 자상하게 법을 설해 주었다면, 어찌 오늘날 제가 깨달을 수 있었겠습니까?"

우리나라 조선 시대에도 유사한 선사가 있는데, 벽송 지엄이다. 지엄은 선지식을 찾다가 벽계 정심碧溪正心이 황악산에 있다는 말을 듣고 한걸음에 달려갔다. 정심은 유생들의 눈을 피해 산에서 나무를 해 시장에 내다 팔며 겨우 생활하고 있던 터였다. 지엄은 스승과 함께 생활하며 궂은일을 도맡아 했다. 하루 종일 일을 하면서, 스승에게 도를 물으면 정심의 대답은 한결같았다.

"도란 멀리 있는 것이 아닐세. 행주좌와에 '내 마음이 무엇인고?'라고 궁구하게나."

수개월간 지엄이 죽어라고 일을 하면서 스승에게 선지禪旨를 물으면, 스승은 '허, 그걸 알면 그것도 알아지는 걸세.'라는 똑같은 대답뿐이었다. 지엄이 재차 물으면, '답을 해 줄 수 없지.'라고 퉁명하게 말했다.

마침내 지엄은 스승의 무성의에 화가 나 하산하기로 마음먹었다. 스승이 쫓아와 불러도 들은 체도 않고 지엄은 산을 내려가는 걸음을 재촉했다. 이때 스승이 '나를 보고 가게나.'라고 소리치자, 지엄이 고개를 돌렸다. 이때 스승이 말했다.
"옛다. 내 법을 받아라!"
지엄은 스승의 말을 들으며 주먹을 보는 순간, 활연대오하였다.

다음은 조동종의 종조 동산 양개와 스승의 이야기이다. 양개는 출가 이래 자신을 지도해 줄 선지식을 찾아 오랫동안 행각하였다. 이를 발초첨풍撥草瞻風, 풀포기를 헤치며 스승을 찾아다님이라고 하는데, 조동종의 특징이기도 하다. 마침내 양개는 운암 담성을 만나 몇 년간 담성의 도량에 머물며 수행하였다. 스승 담성이 입적하기 전 양개가 스승에게 물었다.
"스승님께서 입적하신 뒤에 누군가 '화상의 초상을 그릴 수 있는가?'라고 물으면, 무어라고 대답할까요?"
"다만 그에게 '다름 아닌 이것이 바로 그것이다.'라고 하면 된다."
스승이 입적하고 3년이 흘러 양개는 사형 선산과 함께 스승의 제사를 지내러 위산으로 길을 떠났다. 가는 길녘, 담주에 이르러 큰 개울을 건너게 되었는데, 양개는 물속에 비친 자신의 모습을 보고 크게 깨달았다.
이후, 양개는 법을 펼치면서 스승에 대해 대중에게 이렇게 말했다.
"스승 운암이 나를 위해 법을 설해 주지 않은 것을 감사하게 여길

뿐이다."

 양개는 그의 어록에서 '양의공수良醫拱手, 훌륭한 의사는 단지 팔짱만 끼고 있을 뿐'라는 말을 강조하였다. 즉 훌륭한 의사는 환자가 자신의 의지를 발휘해 본래의 건강한 모습으로 돌아가도록 도울 뿐이지, 지나치게 베푸는 것은 오히려 독이라는 것이다.
 어떤 배움에서든 제자 스스로 체구연마體究練磨, 직접 실천하면서 부딪쳐 깨달아 가는 것하는 것이 중요하다. 그러니 마음 닦는 선에서도 스승의 친절보다 스스로의 발심이 무엇보다도 중요하다고 본다.

# 이 시대
# 진정한 승가의 선지식

　근자에 멘토Mentor라는 말이 유행하면서, 누구나 한번쯤 자신의 멘토에 대해 생각해 본다. 불교에 선지식이라는 좋은 말이 있는데, 불교 관련 기사나 글에서까지 멘토라는 단어가 자주 부각되어 아쉽기도 하다.
　부처님께서도 제자들에게 선지식의 존재를 강조하셨다. 아난이 부처님께 선지식에 관해 물었을 때, "악한 벗을 친근히 하지 말고, 어리석은 이를 따르지 마라. 훌륭하고 뛰어난 선지식을 가까이 모셔야 한다."며, 시나브로 옷에 이슬이 스며들듯 뛰어난 이를 가까이함으로써 정진에 도움이 되어야 한다고 말씀하셨다.

교단에서 강의하면서 학인들과 학생들에게 어떤 선생이 되어야 하는지 늘 고민한다. 이성적으로나 논리적으로 지혜와 덕을 마음에 두지만, 늘 이기적인 감정이 앞서고 마음만큼 쉽지 않다. 소납도 선지식을 찾으면서 스스로에게 참된 선지식이 되어야 함을 다짐한다.

중국 당나라 8~10세기는 선의 황금시대였다. 당대에는 수행을 갈망하는 출가자도 많았지만 벽안碧眼의 스승도 많았다. 당시 벽안의 스승이란 바로 마조·석두 희천石頭希遷·경산 법흠徑山法欽·남양 혜충 등이다. 이들은 서로를 탁마하는 도반이기도 했지만, 자신의 제자만을 교육하는 편협함을 꺼리고 인연 있는 제자들을 지도해 주었다. 설령 자신에게 찾아온 제자일지라도 자신과 연이 맞지 않으면 다른 선사에게 제자를 보내었다.

오설 영묵은 과거시험을 보러 가는 도중에 선불장選佛場, 부처를 뽑는 도량이라는 말을 듣고 마조에게 출가했지만, 몇 년이 지나도 도를 얻지 못했다. 결국 영묵이 자신의 깨달음이 더딘 것을 스승에게 투정 부리자 마조가 영묵에게 말했다.

"네가 출가하는 것은 내가 허락했지만, 너의 깨달음은 내가 어찌 해 줄 수 없다. 이곳에서 700리 떨어진 남악산의 석두 선사를 찾아가 보아라. 너의 깨달음에 실마리를 찾을 수 있을게다."

단하 천연도 선불장이라는 말을 듣고 마조를 처음 찾아왔는데, 마조는 천연에게 "자네의 스승은 석두로군. 그곳으로 가서 출가하게."라며 그를 석두에게 보냈다.

한편 석두 문하의 법맥인 약산 유엄藥山惟儼, 751~834은 스승 문하에 있어도 공부가 매우 더뎠다. 강사 출신이었던 유엄에게 스승 석두는 늘 거대한 스승이었다. 이런 유엄을 보면서 스승 석두가 말했다.

"자네가 나와는 인연이 별로 없는 것 같네. 마조에게 가면 자네 공부가 더 잘 될 것 같아. 마조에게 한번 가 보게."

또 물구나무 선 채로 열반한 등은봉鄧隱峯은 마조의 법맥을 이은 제자이다. 괴짜배기에다 자유로움을 좋아했던 등은봉은 아무리 해도 남들만큼 쉽게 공부가 되지 않았다. 등은봉은 마조와 석두 문하를 수차례 오가다 결국 마조에게서 깨달음을 얻었다.

이렇게 마조는 당신보다 석두의 교육방편이 더 뛰어나다고 생각해 제자들을 석두에게 보내었고, 석두 또한 마조가 제자를 개오開悟시킬 만한 능력이 뛰어나다고 판단해 제자를 마조에게 보냈다.

한편 마조가 남양 혜충이나 우두종의 경산 법흠에게 제자들을 보내면 그 선사들 역시 제자들의 견처를 열어주는 데 도움을 주었다. 『전등록』이나 다른 어록에 전하는 승려들 이외에 기록되지 않은 승려들까지 고려해 볼 때, 기록에 전하는 것보다 훨씬 많은 승려가 선지식 문하에서 수행했을 것으로 사료된다. 이렇게 도량 넓은 벽안의 선사들이 있었고, 선지식을 찾아 발초첨풍하는 승려들이 있었기에 당대의 선은 최고의 르네상스를 구가했던 것이다.

근래 불교계는 벽안의 스승이 부재하다고 개탄한다. 간화선의 본질 면에서 스승과 제자 간 교육이 잘 이뤄지지 못하는 실정인 데다 위빠사나 수행 풍토가 보편화되어 가고 있는 요즈음이다. 이런 때, 승가가 발전하기 위해서는 오롯이 교육만을 아이템으로 삼아야 할 것이다.

승가saṅgha라는 말이 '화합'이라는 뜻을 내포하듯 기성세대 스님들과 학인들 간의 진정한 화합이 필요한 시대이다. 기성세대 스님들은 승가 발전을 위해 내 제자만이 아닌 모든 학인들의 진정한 교육자가 되어야 함이요, 그 반대로 젊은 세대의 승려들 또한 자신보다 선배 승려를 스승으로 섬기는 풍토가 자리 잡았으면 하는 바람이다.

# 깨달음은
# 누구에게나 평등

케마Khemā는 마가다국의 왕비 출신으로 아라한과를 성취한 비구니이다. 스님은 부처님을 친견하기 위해 좌선하던 자리에서 일어나 허공을 날아 부처님이 계신 곳으로 갔다. 마침 부처님께서 지상으로 내려온 삭까 천왕과 그 권속들에게 설법을 하고 있었다. 스님은 삭까 천왕 일행이 부처님과 함께 있는 것을 보고 허공중에서 부처님께 공손히 인사만 하고 그 자리를 떠났다. 이를 본 삭까 천왕이 부처님께 여쭈었다.

"부처님, 저 비구니는 누구인데 허공중에서 부처님께 인사만 하고 떠납니까?"

부처님께서 말씀하셨다.

"삭까여, 저 비구니는 나의 딸 케마로서 지혜가 매우 깊고 뛰어나다. 나는 케마를 비구니 가운데 '지혜제일'이라고 부른다."

여성스러움을 극복하고 위대한 성자로 태어난 케마 비구니는 마하빠자빠띠 다음가는 비구니로 인정받았다. 부처님의 비구 10대 제자가 있었던 것처럼, 비구니 가운데에서도 뛰어난 10대 제자가 있었다. 사리불 존자가 지혜제일이듯이 케마는 비구니 가운데 지혜제일이었다.

목련 존자처럼 신통제일이라고 칭한 웃빨라완나Uppalavaṇṇā, 우바리 존자처럼 계율제일인 빠따짜라Paṭācārā, 부루나 존자처럼 설법제일인 담마딘나Dhammadinnā, 가섭 존자처럼 평생 낡은 가사를 걸치고 수행한 조의제일組衣第一 끼사고따미Kisāgotamī가 있었다. 또한 정진제일의 소나Sonā, 선정에 뛰어난 난다Nandā, 첩혜제일捷慧第一, 날카로운 직관력을 가진 자의 밧다 꾼달라께사Bhaddā Kuṇḍalakesā, 숙명통에 뛰어난 밧다 까삘라니Bhaddā-kapilānī 비구니이다.

또한 와지라Vajirā, 金剛 비구니는 5온가아五蘊假我로 무아를 깨달은 분이다. 잡아함에 수록된 와지라 비구니의 게송*은 무아와 공을 설명하는 데 가장 적합해 수업 자료로 자주 인용하는 문구 가운데 하나이다.

이렇게 초기불교 경전에는 정각을 이룬 비구니가 자주 등장하는데 모두 비구와 똑같은 경지인 아라한과를 얻었다. 그 단적인 예가 장로와 장로니의 깨달음을 읊은 게송집이다. 빨리 삼장 가운데 소부경전小部經典, Khuddaka-nikāya에는 『장로게Theragāthā』와 『장로니게Therīgāthā』가 포함되어 있다. 『장로게』에는 비구 264인의 1,279개 게송이 수록되어 있으며, 『장로니게』에는 비구니 92인의 522개 게송이 수록되어 있다.

부처님이 바라문 사회의 제사 의식이나 카스트 제도에 반발해 출가함으로부터 시작된 불교인지라 여성 출가가 용인된 것이 당연하다고 본다. 하지만 당시 인도 사회 여건상 여성이 출가해 밥을 빌어먹는다는 것은 쉽지 않은 일이기 때문에 부처님께서 잠시 망설이던 차였다. 그런데 아난 존자의 "법 앞에 남녀 구별이 없고, 진리 앞에 누구나 평등하다고 하면서 왜 여인 출가는 반대하십니까?"라는 도발적인 질문에 부처님도 여성 출가를 허락하였다. 불교와 비슷하게 자이나교도 여성 출가를 인정했던 바이다.

부처님 성불 이래 2,500여 년이 흐른 지금까지 왜 승려는 출가해 수행하는 걸까? 그것은 무언가를 굳게 믿기 때문이다. 바로 내가 부처될 성품을 가진 존재임을 믿기 때문에 세속 생활을 정리하고 출가자의 삶을 선택하는 것이다. 이 점은 비구나 비구니 모두 마찬가지라고 본다. 바로 이것이 간화선의 3대 요소 중 하나인 대신근大信根이기도 하다.

여인도 출가해 해탈할 수 있다는 것, 누구나 청정한 불성을 가진 존재로서 깨달을 수 있다는 신념이 있기에 비구니는 승가의 일원이 되었고, 앞으로도 그럴 것이다. 『열반경』에는 '모든 중생이 다 불성을 가지고 있다[一切衆生悉有佛性].'라고 하였고, 더 나아가 '초목국

토인 무정물도 다 성불한다[草木國土 悉皆成佛].'라고 하였다. 그러나 중생 평등이라는 뛰어난 진리[理]를 가진 불교이건만, 현실적으로 승려들의 삶[事]에는 차별이 있는 것이 현실이다. 참다운 이사원융理事圓融이 되지 못한다면, 조계종의 자성과 쇄신 결사는 한낱 장식품에 불과할 것이다.

  시대가 변하고 있다. 변하는 시대에 적응하지 못하는 종교와 학문은 도태되기 마련이다. 이 변한다는 자체가 부처님께서 말씀하신 무상의 진리이건만, 훌륭한 스승의 가르침을 왜 제자들은 역행하는지 알 수가 없다.

---

- "수레가 여러 종류의 부속품으로 모여 구성되었을 뿐 '수레'라고 명칭할 수 있는 존재는 실제로 없다. 인간도 5온으로 잠시 모여 이루어진 것이요, 거기에는 '아(我)'라고 할 만한 실체가 존재하지 않는다"는 내용의 게송이다.

# 유여열반<sub>有餘涅槃</sub>과 인욕

조선 중기의 고승인 허응당 보우<sub>虛應堂普雨, 1509~1565</sub>는 당시 암울했던 불교를 일으키고자 고군분투했던 분이다. 스님은 명종의 어머니 문정왕후의 도움으로 선교양종을 부활시키고, 승려 도첩 제도를 실시하였으며, 승과<sub>僧科</sub>를 두는 등 불교 부흥에 힘썼다. 그러다 문정왕후가 죽자, 유학자들의 배불상소<sub>排佛上疏</sub>로 보우는 승직이 박탈되고 제주도로 유배당했다. 스님은 유배지에서 제주목사 변협<sub>邊協</sub>에 의해 장살<sub>杖殺</sub> 당해 입적했는데, 세납 56세였다. 이렇게 한 번의 고난도 억울하건만 근래 어느 잡지에서 보우 스님을 '요승'으로 폄하함으로서 후손인 현 승가에 돌을 던지는 일이 발생했다.

역대로 보우 스님처럼 정권의 권력에 의해 입적하는 승려가 많았다.『열반경』의 한역자 담무참曇無讖도 그러하다.

『열반경』은 중국에서 교학적인 측면에서나 선종에서나 매우 중시하는 경전이다. 모든 중생이 성불한다는 사상[一切衆生悉有佛性]이 담겨 있기 때문이다. 이『열반경』**은 중국에서 세 번 한역되었는데, 담무참이 두 번째로 한역414~421년하였다.

담무참은 인도인으로 대승불교를 지향해 귀자국으로 왔다가 5세기 초 중국 북방 양주지방으로 옮겨 왔다. 이곳은 북량北涼을 세운 저거몽손 황제가 다스리는 지역이었다. 황제는 모친을 위해 불상을 건립하고 백성들에게도 불교를 널리 홍포한 불교도로, 나라를 다스리는 방책을 구하기 위해 담무참을 고문으로 모셨다. 담무참은 나라가 어려움에 처할 때마다 예언하여 위기에서 벗어나도록 도와 주었는데, 당시 담무참의 명성은 매우 높아 주변 국가의 황제들이 담무참을 서로 모셔 가려고 하였다.

어느 해 담무참은 자신이 한역하였던『열반경』이본을 구하기 위해 중앙아시아로 떠나려고 하였다. 하지만 황제는 담무참의 구법 계획을 믿지 못하고, 다른 나라로 옮겨 가는 것으로 오해하였다. 그럼에도 불구하고 담무참은 서역지방으로 떠났고, 황제는 자객을 보내어 담무참을 무참하게 살해하였다. 한 시대의 위대한 승려가 이렇게 생을 마감해야 했던 것이다. 당시 스님은 세수 49세로, 황제의 작은 오해가 빚은 일이지만, 스님을 존경하는 국사가 아닌 나라를 다스리기 위한 책사로 기용했다고 생각했기 때문이 아닐까 한다.

또 억울하게 입적한 스님으로 명나라 때 4대 승려 가운데 한 분인 자백 진가紫柏眞可, 1543~1603가 있다. 진가는 수행과 교학을 겸비한 선사로서 당시 불교계에서는 임제, 대혜 선사가 세상에 다시 온 것으로 여길 만큼 덕망이 높았다. 진가는 감산 덕청 선사와도 친분이 깊었는데, 두 분이 한 번 만나면 40여 일간 주야로 대화를 나누었다고 한다.

어느 해 덕청이 유배를 당하자, 진가는 덕청을 옹호해 조정 신하들에게 미움을 사게 되었다. 그러던 차에 세자 책봉 문제로 조정이 시끄러울 때, 스님이 정의감에 써 붙인 글이 오인 받아 체포되었다. 이후 스님은 고문 후유증으로 입적했는데, 당시 세수 61세였다. 스님은 입적하기 전에 태연스럽게 열반송을 읊었다고 한다.

옛 스님들 가운데 자연사가 아닌 타살로 입적하는 경우를 종종 대한다. 초기 경전을 보면 승려가 수행의 높은 과위를 얻고도 타살 당하는 경우도 많았다. 이를 부처님께서는 '전생 업으로 인한 과보가 남아 있기 때문에 현생에 고난을 겪는 것'이라고 말씀하셨다.••• 이와 유사하게 달마도 보원행報寃行 법문을 설하였다.

수행하는 사람이 만약 고통스러운 일을 당했다면, '과거 무시이래로 수만 겁 동안에 근본을 버리고 지말을 쫓아 여러 곳을 유랑하면서 원망하고 증오하는 일을 많이 지었으며 남을 해롭게 한 일이 많았기 때문이다. 비록 지금 죄를 짓지 않더라도 이는 전세에 지은 악업으로 인한 과보가 나타난 것'이라고 생각하고, 원망을 멈추고 인욕하라.

또 『금강경』에서도 이 경전을 수지하고 독송할 때, 다른 사람으로부터 경멸과 무시를 당한다면 이는 전세의 죄업을 한꺼번에 소멸하는 길이라고 생각하고 더 열심히 정진할 것을 권하고 있다. 승려도 윤회에서 벗어나지 않고는 마음의 고뇌가 생기는 것이요, 육신의 고통이 발생하는 일이 당연하다. 불교의 업설에는 주체적인 수행에 대한 의지를 담고 있다.

사학史學 입장에서 바라보는 승려와 불교학 입장에서 바라보는 승려에 대한 평가가 다른 것은 어쩔 수 없는 사실이다. 그러나 양쪽의 입장이 아닌 재가자의 안목만으로 스님을 평가 절하하는 일은 없었으면 한다.

---

- 열반에는 두 가지가 있다. 깨달음을 이루었으나 아직 육체가 존재하는 유여열반(有餘涅槃)과 육체의 소멸로 인해 완전한 열반에 들어간 무여열반(無餘涅槃)이다.
- · 『열반경』은 아함부 경전인 장아함에 수록되어 있는 『열반경(=유행경)』이 있고, 중기 대승 경전에 속하는 『열반경』이 있다. 두 경전 모두 불교 사상을 이해하는 데 중요한 경전이다.
- ··· 아무리 깨달은 자라고 할지라도 그 업보는 부정되지 않는다. 바로 이 업이라고 하는 것도 윤회를 하는 속에 존재하는 법이며, 그 존재하는 힘은 업력이지만, 이 업력은 바로 인과로 얽히며, 인과를 이해하고 받아들이는 것은 연기설의 한 측면이다.

# 불교계 최초의
# 아웃사이더

　소납은 초기불교 전공자는 아니지만, 강의에서나 법문 때 부처님 제자들을 자주 거론한다. 부처님의 10대 제자들 가운데, 부처님의 사랑을 듬뿍 받은 아난 존자를 특별히 좋아한다. 북방불교에서는 아난이 부처님께서 성불하신 해에 태어났다고 하지만, 초기불교에서는 부처님과 동갑으로 본다. 그만큼 불교사에서 아난이 부처님과 각별한 인연이라는 점을 부각시키고 있기 때문이다. 이 아난 존자는 부처님을 25년 모셨던 시자이다.

　어느 해 부처님께서 마가다국 왕사성에 머물 때, 제자들을 불러

놓고 이런 말씀을 하셨다.

"나는 이제 늙어 몸은 갈수록 쇠하고 매우 힘들다. 나를 보필할 시자가 필요하다. 그대들은 나를 위해 시자 한 사람을 추천해 보아라."

스스로 자청한 사람도 있었고, 여러 사람이 추천되었지만 그때마다 부처님께서 거절하셨다. 이에 목련이 부처님의 뜻을 간파하고, 아난에게 찾아가 시자가 되어 줄 것을 간청하였다. 그때 아난은 목련에게 세 가지 약조를 내걸었다.

"부처님 시자가 되는 것은 쉬운 일이 아닙니다. 만약 세존께서 세 가지 약조를 들어 주신다면, 부처님 시자가 되겠습니다. 먼저, 저는 부처님께서 입으시던 새 옷이나 헌 옷을 입지 않고, 다음은 장자들이나 왕족들의 초청이 있어 공양받는 경우 부처님을 따라가 함께 공양받지 않으며, 마지막으로 때가 아니면 부처님을 뵙지 않겠습니다. 부처님께서 이 세 가지 청을 들어주신다면 시자가 되겠습니다."

목련이 부처님께 찾아가 아난의 세 가지 요구를 전하자, 부처님께서는 아난을 지혜로운 비구라고 칭찬하셨다. 이렇게 하여 아난은 부처님께서 55세부터 시작해 열반할 때까지 시자를 살았다.•

그런데 아난 존자를 거론할 때마다 소납의 마음속에는 뭔지 모를 안쓰러운 이미지가 자리한다. 이 아난이 부처님 열반 후에는 가섭 존자와 인연 관계가 순탄치 못했기 때문이다. 부처님 열반 후, 처음 결집하기 위해 마가다국에서 가섭 존자를 상수로 수백여 아라한이 모였다.

그런데 아난이 결집에 꼭 필요한 존재였는데 제외되었다. 아난은 수다원과까지 증득했지만, 아라한과에는 오르지 못했던 것이다. 가섭의 질책과 권유로 아난은 열심히 정진해서 결집하는 그날 새벽녘에 아라한과를 증득하여 1차 결집에 겨우 참여할 수 있었다. 아난은 부처님을 오랜 기간 모시며 수많은 법문을 들어 다문제일多聞第一이었으므로 이 결집에서 경을 송출하였다. 여기서 발단해 북방불교에서는 대웅전大雄殿에 석가모니 부처님을 모실 경우 좌측에는 선禪을 상징하는 가섭을 모시고, 우측에는 교敎를 상징하는 아난을 모신다.

또한 아난은 부처님께 건의하여 마하빠자빠띠를 위시한 여인 출가를 도왔다. 후대에 아난은 여인 출가를 주도한 장본인으로 불교를 500년 단축시켰다는 지탄을 받기도 하였다. 하나를 더 들자면, 아이러니하게도 아난과 친형제인 제바달다Devadatta가 악인의 대명사로 간주된다는 점이다. 주지하다시피 아난은 부처님과 사촌간이다.\*\* 제바달다에 대해서는 학자마다 관점이 다르지만, 제바달다를 결코 악인이라고 할 수 없으며 오히려 철저한 두타행자였다고 하기도 한다.\*\*\*

여러 정황으로 볼 때, 불멸후 가섭을 위주로 한 주류파에서 아난은 아웃사이더라는 점을 경전의 행간 속에서 느낄 수 있다. 두 존자의 대립이 단순해 보일 수도 있지만, 승가의 1차 대립이라는 점에서 의미가 크다. 하지만 법이 발전한다는 측면에서 발생하는 승가의 분열이라면 수긍할 만하다. 그러나 진리를 헌신짝처럼 버리고 자신들의 이익 집단을 위해 승가를 분열한다면 법경法鏡의 심판대에서 지탄받아야 할 것이다.

---

- 중아함 33권, 『시자경』.
- •• 부처님의 아버지 정반왕(Suddhodana)은 4형제로 다른 형제로는 백반왕(Sukkodana)·곡반왕(Dhotodana)·감로반왕(Amitodana)이 있다. 제바달다와 아난은 백반왕의 아들이고, 아나율(Anuruddha)은 곡반왕의 아들이며, 발제(跋提, Bhaddiya)는 감로반왕의 아들이다. 물론 제바달다가 아난과 형제가 아닌 야쇼다라의 동생, 혹은 왕비 가운데 한 분의 동생이라는 등 기록이 다르게 전하기도 한다.
- ••• 제바달다는 '수행자는 마을과 가까운 곳에서 지내서는 안 되고, 재가자의 공양청을 거절해야 하며, 누더기 옷을 입고, 나무 아래에서만 거주하며, 고기를 먹어서는 안 된다.'는 다섯 가지 사항[五事]을 부처님께 건의했었다.

# 영원한 스승,
# 원해당 홍륜

베르나르 베르베르는 소설 『뇌』에서 삶의 동기를 언급하며, '자신의 삶에서 동기부여만이 인간을 움직일 수 있는 요소'라고 하였다. 인간 누구나 삶을 가동시키는 동기, 곧 원동력으로 살아간다는 의미이다. 승려의 삶에 무슨 동기가 필요하겠는가? 하지만 원고를 쓰고, 그 원고를 책으로 만드는 일을 10여 년 지속하면서 내게도 동기가 있었다. 소납에게 이렇게 원고를 쓰고, 책을 만들도록 동기를 부여해 주신 분이 있다. 운문사의 홍륜 스님이다.

스님께서는 잡지나 신문에 실린 원고를 읽고 간혹 전화로 평을 해 주셨다. 처음 책이 나온 이래, 최근까지 한 권도 빠지지 않고 읽어 주셨던 베스트 독자였다. 스님께서는 책 내용이 훌륭해서 읽은 것이 아니다. 운문사 출신 제자가 써서 인쇄화된 글이라고 마음으로 읽은 분이다. 더 좋은 책을 쓰라며 우편으로 손 편지와 염주를 보내 주기도 하셨다. 소납이 인편으로 보내는 작은 선물에도 감사 인사를 잊지 않는 스승이셨다. 책으로 출판상을 받거나 좋은 소식이 있으면 제일 먼저 스님께 알렸고, 더 좋은 책을 쓰라며 격려 받곤 했다.

수여 년 전 소납 이름으로 조계종출판사에서 부처님 오신 날 기념 책자를 출판한 적이 있었다. 그때 운문사에서 1,000권을 구입한다고 연락이 왔지만, 재무 담당자에게 보시하겠다고 전화를 걸어 두었다. 하루 지나 스님께서 전화를 주셔서는 보시하겠다는 약속을 철회하라고 종용하셨다. 다음 책을 쓸 때 그 돈을 유용하게 쓰라는 의미였다.

또 한 번은 어느 사찰 주지로 명단이 올라간 적이 있었다. 스님께서 전화를 주셔서는 걱정을 태산같이 하셨다. '공부하고, 글 쓰는 일에 매진해야 하는데, 왜 소임을 맡았냐?'는 말씀이셨다. 우연한 기회가 아니면 인사드린 적도 없는 불손한 제자였지만, 늘 먼저 염려하며 걱정해 주셨다.

그런데 이제는 그분이 계시지 않는다. 진심 어린 말씀을 해 주시던 스님은 얼마 전 이승을 떠나 고요한 세계로 이사 가셨다.

'백아'라는 이가 자신의 거문고 연주를 알아주던 종자기가 죽었을 때 슬퍼하며 '이제 나를 알아주는 벗이 없으니, 누구를 위해 거문고를 탄단 말인가?'라고 탄식한 뒤 거문고 현을 끊어 버렸다는 이야기가 있다. 백아가 거문고 현을 끊은 것은 종자기가 죽어서 슬픈 것이 아니라 지음자知音者를 잃은 외로움 때문임을 이제야 알았다.*

  홍륜 스님이 소납에게만 베푸셨던 것은 아니다. 당신께서 가르치는 제자들을 연민히 여기고, 당신 곁을 떠나 있는 수백여 제자들을 늘 염려했던 분이다. 당신의 안위보다 제자의 안위가 먼저였다. 이 세상에 이런 스승이 어디 있을 것이며, 앞으로 그런 스승을 어찌 만나랴? 이런 스승이 계셨다는 것만으로도 제자들에게는 큰 행운이라고 본다.

  생사일여生死一如요, 생사거래生死去來가 자연스런 일이건만, 이 문구조차 위로가 되지 않는다. 일반적으로 장례식은 고인을 추모하기 위해 가는 것이 아니라 상주와의 인연으로 가는 것이 관례지만, 스님의 장례식에는 오로지 고인을 애도하기 위해 수백여 명의 승려가 모였다. 김수환 추기경이 생전에 한 말 중에 이런 내용이 있다.

  당신이 세상에 태어날 때 당신만 울었고, 당신 주위의 모든 사람들이 미소를 지었습니다.

당신이 세상을 떠날 때 당신만 미소 짓고, 당신 주위의 모든 사람이 울도록 그런 인생을 사십시오.

바로 스님의 삶이 그러했다.

---

- "지음(知音)"이라는 단어는 백아(伯牙)와 종자기(鍾子期)의 인연에서 시작되었다. 백아는 중국 전국 시대 진나라의 음악가로 어려서부터 거문고 연주에 뛰어났다. 자신의 음악 세계를 이해하는 벗이 없다고 한탄하던 그는 우연히 초나라에 갔다가 나무꾼 출신 종자기를 만났다. 백아가 거문고를 연주하면 종자기는 그 곡의 제목부터 시작해 사연까지 알았고, 연주자의 마음까지 읽었다. 백아는 많은 귀족들과 친분 관계가 돈독했지만, 종자기만큼 음악적 조예가 깊은 사람은 만나지 못했었다. 두 사람은 의형제 인연을 맺었는데 이후 종자기가 전염병으로 죽자, 백아는 큰 탄식을 하며 거문고 현을 끊어 버렸다는 고사가 전한다.

## 너무 멀리서 찾지 마라
경전과 선사들의 일화에서 배우는 앎과 삶

**초판 1쇄 펴냄** 2015년 08월 31일
**초판 2쇄 펴냄** 2016년 04월 05일

**지은이** 정운
**발행인** 이자승
**편집인** 김용환
**펴낸곳** (주)조계종출판사
**출판부장** 이상근
**책임편집** 김소영
**편집** 김재호
**디자인** 오시현, 이연진
**마케팅** 김영관

**출판등록** 제300-2007-78호(2007.04.27)
**주소** 서울 종로구 우정국로 67 대한불교조계종 전법회관 2층
**전화** 02-720-6107~9
**팩스** 02-733-6708
**홈페이지** www.jogyebook.com
**도서보급** 서적총판사업부 031-945-4537
**구입문의** 불교전문서점 02-2031-2070~3 / www.jbbook.co.kr

ⓒ 정운, 2015
ISBN 979-11-5580-058-4 03220

* 이 책에 수록된 작품의 저작권은 해당 저작자에게 있습니다.
  저작자의 허락 없이 일부 또는 전부를 복제 · 복사하는 것을 금합니다.
* (주)조계종출판사의 수익금은 포교 · 교육 기금으로 활용됩니다.
* 이 도서의 국립중앙도서관 출판예정도서목록(CIP)은 서지정보유통지원시스템 홈페이지
  (http://seoji.nl.go.kr)와 국가자료공동목록시스템(http://www.nl.go.kr/kolisnet)에서 이용하실 수 있습니다.
  (CIP제어번호 : CIP2015021563)